MORITZ BOERNER

Das Tao der Trance

Buch

Nach *Weisheit aus dem Unbewußten* hat Moritz Boerner eine neue Sammlung faszinierender Trancetexte entwickelt und zusammengestellt, die uns klar und verständlich zeigen, wie wir mit Hilfe hochentwickelter spiritueller Techniken wie Channeling, Hypnose- und Trancearbeit unser Leben positiv beeinflussen können. Er macht uns bewußt, wie stark Wörter unsere Vorstellungen formen, weist uns praktische, einfach nachvollziehbare Wege zur positiven Selbstbeeinflussung und präsentiert eine Reihe praktischer Übungen, die uns den Umgang mit kreativen Visualisierungen erleichtern.

Autor

Moritz Boerner lebt in München. Einst Theatermann aus Passion, hat er sich seit Jahren ganz der humanistischen Psychologie zugewandt. Er hat eigene Therapieformen entwickelt und ist als Meditationslehrer, Therapeut und Publizist tätig.

Ebenfalls bei Goldmann lieferbar:
Moritz Boerner, Weisheit aus dem Unbewußten. »Channeling« als Schlüssel zur geistigen Welt – Eine Einführung in Trance-Techniken für den Alltag. 11824

Moritz
BOERNER

Das Tao der Trance

Originalausgabe

GOLDMANN VERLAG

Umwelthinweis:
Alle bedruckten Materialien dieses Taschenbuches sind chlorfrei und umweltschonend.

Genehmigte Taschenbuchausgabe

Umschlaggestaltung: Design Team München
Satz: Uhl + Massopust, Aalen
Digitaldruck: MOHN Media
Verlagsnummer: 83961
ISBN 3-442-83961-0
Made in Germany

Inhalt

Vorwort

Das Wort »Tao« stammt aus der chinesischen Philosophie und bedeutet »Pfad«, »Weg«, aber auch »Tor« und sogar »Sinn«.

»Das Tao ist der Weg, den das Universum geht. Es ist die Ordnung der Natur«, schreibt Joseph Needham (*Wissenschaft und Zivilisation in China,* Band I).

Und weiter: »Das Tao, die Ordnung der Natur, die alle Dinge hervorgebracht hat und sie beherrscht in ihrem Wirken, tat dies nicht mit Gewalt, sondern durch eine Art natürlicher Krümmung von Raum und Zeit. Indem er der Natur folgt und ihr nicht etwa vorgefaßte Ideen aufzwingt, wird der Mensch wahrhaftig befähigt zu beobachten und zu verstehen, zu beherrschen und zu kontrollieren.«

Trance ist ein natürlicher Weg, um mit der eigenen Natur zu fließen, seine eigene Natur zu beobachten, zu verstehen und sie zu beherrschen und zu kontrollieren, ohne Gewalt, indem man ihrer natürlichen Krümmung folgt.

Allzulange haben wir die Natur in uns und außerhalb von uns vergewaltigt, ihr unsere Ideen aufgezwungen, sie ausgenutzt und pervertiert und damit die Welt in ihren augenblicklichen Zustand gebracht. Jetzt ist es Zeit, wieder auf den Weg der Natur zurückzufinden, indem wir lernen, dem Gefühl, der Intuition zu folgen.

»Trance« ist ein wunderbarer, entspannter Zustand, in dem Sie mit ihrem Körper – damit mit der Natur – verbunden sind und in dem Sie wieder lernen, die leise Stimme der Intuition zu hören.

Ich werde in diesem Buch nur wenig *über* Trance sprechen, aber wenn Sie es durchgearbeitet haben, werden Sie dennoch wissen, was Trance ist, denn Sie werden Trance *erfahren.*

Wenn wir uns im Zustand der Trance befinden, fließen wir mit dem Leben, mit der Intuition, sind wir im Tao.

Das Tao der Trance zeigt einen natürlichen Weg auf, wie wir unser Leben mehr und mehr zum Positiven verändern können, indem wir die Gesetze der Natur anwenden. Die Kräfte und Mächte positiver Vorstellungen und Suggestionen funktionieren nur deshalb, weil ihr Ursprung ebenso in der Natur liegt, wie die Kraft des Wassers und anderer Naturgewalten. Trance ist auch deshalb ein gesunder und positiver Weg, weil er mit der menschlichen Natur in voller Übereinstimmung ist.

Aber das Buch leistet noch mehr: Es wird Ihnen helfen, »esoterisches Wissen«, das heißt Wissen über Ihr Inneres, Ihre Seele, Ihr Unterbewußtsein, aber auch über große geistige Zusammenhänge zu vermitteln. Manches, was bisher mit dem Schleier des Geheimnisvollen, des Magischen bedeckt war, erfährt hier eine überraschende Erklärung.

Mögen immer mehr derartige Wege wiederentdeckt und beschritten werden.

Die Macht positiver Suggestionen

Sich wohler und wohler fühlen

Wenn Sie dieses Buch durchblättern, mag Ihnen zunächst auffallen, daß es zwei Arten von Texten enthält: zum einen erläuternde »Prosa«, wie das, was Sie gerade lesen, zum andern »Trancetexte«, deren Form an jene von Gesängen oder Dichtung erinnert. Diese Texte sind in Trance entstanden, dem Zustand, der auch Ihnen recht vertraut werden wird, denn Sie werden stets in eine leichte Trance gehen, während Sie sie lesen. Sie können Ihre Trance allerdings erheblich verstärken, wenn Sie sich den einen oder anderen Text selbst auf Tonband sprechen (lassen) und ihn dann mit geschlossenen Augen hören.

Meine Bücher *»Die Chance Aids«* und *»Weisheit aus dem Unbewußten«* bestehen zum großen Teil ebenfalls aus solchen Trancetexten, durch sie wurden sie zu etwas Besonderem: Weisheit, die aus dem Göttlichen floß. Das mag überheblich klingen, aber es ist eine Tatsache, über die ich selbst immer wieder staune: Auch ich lerne immer wieder aus diesen Texten und werde beschenkt und bereichert. Eine große Zahl von Zuschriften beweist, wie viele Menschen durch sie Trost und Rat finden und positiv beeinflußt werden.

Das Schreiben der Erläuterungen, das im »Normalzustand« geschieht, bereitet mir übrigens rechte Mühe, die Trancetexte hingegen fließen aus mir heraus, ich brauche nur abschreiben, was ein mitlaufendes Tonband aufgenommen hat. Es sind kaum grammatikalische oder stilistische Verbesserungen nötig, alles ist perfekt, wie es ist. Ich selbst habe bisher noch lange nicht alles verwirklicht, was ich in Trance schreibe und lehre – Tatsache ist, daß ich das Wissen wohl hauptsächlich empfange, damit ich es zunächst einmal selbst anwende. Und wirklich verstehen lernt man nur durch Lehren.

Niemand vermochte bisher so recht zu sagen, worauf die eigentümliche Faszination beruht, die von den Trancetexten ausgeht, aber ich habe bisher kaum einen Menschen gefunden, der sie nicht mochte. Mancher empfindet sie wie Gebete, andere fühlen sich an Gutenachtgeschichten erinnert, wieder andere halten sie für Dichtung.

Ein bekannter Schauspieler hat vorgeschlagen, man solle täglich eine der Trancen über Rundfunk ausstrahlen.

Eine Bekannte erzählte mir, daß sie regelmäßig nach dem Lesen von ein bis zwei Seiten »einschläft«, nach einiger Zeit aber wieder erwacht, das aufgeschlagene Buch auf ihrem Bauch entdeckt, sich vergeblich zu erinnern versucht, was sie da eigentlich gelesen hat, dann aber feststellt, daß sie sich ganz ausgezeichnet fühlt.

Es mag sein, daß unter anderem die Bildhaftigkeit der Sprache für die Wirkung verantwortlich ist. Die Worte lösen Assoziationen aus, Vorstellungen, Bilderwelten, ganze Filme, ja Visionen. Und was Sie sich vorstellen, was Sie visuell imaginieren, das wirkt in Ihnen weiter, das mag gar eine Kettenreaktion in Ihnen auslösen, durch die sich das Unterbewußtsein immer intensiver, zum Beispiel im Traum damit beschäftigt und Ihnen die Lösung Ihrer Probleme geradezu »aufzwingt«. Oft regen die Texte mehrere Sinne gleichzeitig an: Wir stellen uns Geräusche und Gerüche vor, Empfindungen des Tastsinns, der Haut, der Hände. Bei vielen Menschen ist die Vorstellungskraft dieser aus unserer Urgeschichte stammenden Sinne verkümmert, doch wenn sie angeregt wird, kommen viele mit ihnen verbundene Empfindungen zurück und schenken uns wieder ein Gefühl der Ganzheit.

In der Werbung benutzt man bewußt oder unbewußt ebenfalls Bilder, die starke Empfindungen auslösen; beispielsweise löst das Bild vieler kleiner Wassertröpfchen auf der Haut viel eher ein Gefühl für die Frische einer Seife aus, als es erklärende

Worte könnten. Leider werden Sie in der Werbung nicht unbedingt so beeinflußt, wie Sie es sich selber wünschen würden. (Übrigens denkt fast jeder, er sei nicht beeinflußbar von der Werbung, man fragt sich, warum sie dennoch funktioniert.)

Trancetexte können als Katalysatoren für Ihre eigenen positiven Vorstellungen wirken; Sie werden angeregt, das zu tun, was für Sie wirklich gut ist, nicht das, wovon die anderen glauben, daß es für Sie gut sei. Sie erträumen sich mit den Texten Ihre eigene Gesundheit, Ihr Wohlbefinden, Ihren Erfolg und ein befriedigendes Leben. Ihr Unterbewußtsein kennt die Ziele längst und weiß die Wege dorthin, die Texte helfen nur, Ihre eigene innere Weisheit wieder zu beleben und zu benutzen.

Lesen Sie also die Trancetexte trotz ihres vielleicht seltsam anmutenden Layouts langsam, laut oder leise, oder sprechen Sie sie sehr langsam auf Band, während Sie eine passende, meditative Musik laufen lassen. Machen Sie nach jeder Zeile eine Pause, auch wenn es Ihnen unlogisch erscheint, ein größerer Zeilenabstand bedeutet eine lange Pause. (Ich werde später noch genau erklären, warum diese Pausen so wichtig sind und wie sie genau wirken.) Wenn Sie eine Aufnahme abhören, oder sich vorlesen lassen, legen Sie sich bequem auf den Rücken und lassen Sie sich »berieseln«.

Lassen Sie sich von der erstaunlichen Wirkung überraschen, auch wenn Sie die Texte nur lesen.

Lesen Sie immer nur eine Trance zu einer Zeit, aber nehmen Sie das Buch immer mal wieder zur Hand. Sie werden erstaunt sein, daß Sie auch immer wieder neue Aspekte darin entdecken.

Falls Sie beim Hören oder Lesen müde werden und einschlafen oder eindösen – so ist dies ein Zeichen, daß Ihr Unterbewußtsein auf etwas gestoßen ist, womit es sich nun eine Weile beschäftigen möchte. Erlauben Sie das und freuen Sie sich über später spontan auftretende positive Veränderungen in Ihnen und Ihrem Leben.

Ursprünglich gehörte zu jedem Text eine »Induktion«, eine

Art Vorspann, der hilft, in Trance zu gehen. Früher hielt ich diese Einleitungen für unabdingbar, inzwischen lasse ich sie meist weg, da man durch den Rhythmus der Sprache automatisch in Trance geht. Wenn Sie Bandaufnahmen machen und eine Induktion für wichtig halten, dann sprechen Sie zunächst die Einleitung der Trance »Erweckung der Seele« oder eine der Induktionen aus *Weisheit aus dem Unbewußten.*

Du heilst dich selbst

In der Entspannung kann man Kraft schöpfen,
Kraft, die man zum Leben braucht.
Und Kraft,
die gesund macht.

Und vielleicht kannst du irgendwo in deinem
Körper spüren,
daß dort eine solche Kraft ist,
die die Zellen regeneriert,
auch die Nervenzellen.
So oft haben sich deine Zellen regeneriert:
alle sieben Jahre ein neuer Mensch
aus völlig neuen Körperzellen.
Woher kommt diese Kraft?
Tief drinnen
ist ein Quell der Gesundheit.
Und du kannst jetzt ein geistiges Bad nehmen
in diesem Quell
der Gesundheit.

Und dein Unterbewußtsein
wird dir helfen.

Kein Mensch kann eine Zelle, eine lebende Zelle
nachbauen.
Aber das Unterbewußtsein kann es.

Im Unterbewußtsein liegen die Baupläne
für die Zellen des Körpers,
für all die wunderbaren, chemischen Substanzen,
die in deinem Organismus erzeugt werden.
Und dein Organismus
kann alles erzeugen,
was er braucht:
unendlich viele chemische Substanzen,
wirkliche Medikamente
können im Gehirn produziert werden.

Und dein Unbewußtes
kann dir helfen,
das zu produzieren,
was wichtig ist,
was dich heilt.

Dein Unbewußtes kann
Hormone erzeugen.
Dein Gehirn kann Stoffe erzeugen,
durch die du dich wohl fühlst.
Und es kann helfen, wenn du dir dies vorstellst.
Stell dir vor, daß du eine chemische Fabrik im Gehirn hast,
die die Stoffe erzeugt,
die dein Körper braucht,
um sich zu heilen.
Stell dir vor,
vollkommen gesund zu werden.
Stell dir vor, wie es sein wird,
wenn du vollkommen wiederhergestellt sein wirst.

Vorstellungen
haben Kraft.

Wir können die Kunst der positiven Vorstellungen wieder lernen.
Wir können es lernen,
von der Gesundheit zu träumen.
Ganz gleich, wie der Körper aussieht,

oder in welchem Zustand der Körper ist, man kann trotzdem an das Positive denken.
Wir können uns vorstellen,
wie es sein soll.
Positive Gedanken haben Kraft.
Positive Gedanken sind wie ein dauerndes Gebet.
Und Wünsche können sich erfüllen.

Ein Mensch, der sich täglich zehn Minuten
mit Gedanken über Gesundheit
und Optimismus beschäftigt,
einem solchen Menschen muß es besser gehen,
jeden Tag besser.

Du kannst dich mehr und mehr
wieder auf die positiven Dinge konzentrieren.
Positive Gedanken kosten nichts.
Man braucht nicht mehr Kraft für positive Gedanken.
Gedanken sind frei,
man kann frei wählen, was man denken will.
Warum also nicht das Positive wählen?
Warum nicht der Gesundheit eine Chance geben?

Es wird dir in Zukunft besser und besser gelingen,
Dir deinen Körper voller Kraft vorzustellen.
Du wirst dich selbst sehen können,
wie du voller Optimismus,
voller Kraft,
voller Gesundheit
sein wirst.

Wenn du einmal zurückdenkst,
es hat Zeiten gegeben
in deinem Leben,
in denen du dich sehr, sehr gut gefühlt hast:
vollkommen gesund.
Und du wirst in Zukunft mehr und mehr
an solche Zeiten denken,
und dir keine Gedanken um die Zukunft machen,

denn die Zukunft kommt sowieso.
Du wirst dich ab sofort mehr und mehr
auf die Gesundheit konzentrieren,
auf das Positive,
auf den Optimismus.
Und es ist ein Naturgesetz: Der Körper
folgt solchen Vorstellungen
automatisch.

Ganz gleich, was dein bewußter Verstand denkt,
positive Gedanken müssen auf fruchtbaren Boden fallen,
weil die Natur positiv denkt.
Alles in der Natur ist auf das Positive
eingestellt.
Und der Mensch ist Teil der Natur, der Körper ist Teil der Natur,
jede Zelle deines Körpers ist Teil der Natur.
Bäume denken positiv,
denken ans Wachsen,
denken ans Blühen,
denken ans Früchtetragen,
denken an Gesundheit.
Tiere denken an Gesundheit, die Sonne denkt an Gesundheit,
der Mond, die Wolken...

Nur der menschliche Verstand,
dieser winzige Teil des menschlichen Gehirns,
mag dies nicht glauben.
Aber ich spreche nicht zu diesem walnußgroßen Teil deines Gehirns,
zum Verstand,
ich spreche zu deinem Körper.

Das Unterbewußtsein
setzt sich zusammen aus den Seelen der Körperzellen.
Jede Zelle deines Körpers hat eine Seele.
Und ich spreche zu diesen Seelen, so ähnlich wie man zu einem Tier spricht,

zu einem Haustier.
Haustiere verstehen.
Sie verstehen nicht die Worte,
aber sie verstehen,
was gemeint ist.
Und ich predige deinen Zellen
Gesundheit, Heilung, Wohlbefinden.
Was auch immer dein Gehirn denkt, ist nicht wichtig.
Das Gehirn ist wie ein winzigkleiner Computer.
Computer kann man auswechseln.

Selbst, wenn man diesen Computer abschaltet,
der Körper lebt weiter.
Und man kann immer noch zum Körper sprechen.
Man kann zu Menschen im Schlaf sprechen,
und der Körper versteht,
das Unterbewußtsein versteht.
Und ob du willst oder nicht, du wirst gesünder.
Du wirst dich besser fühlen.
Und ein Teil von dir glaubt mir sowieso.
Ein Teil von dir weiß, daß ich recht habe.
Ein Teil von dir will das alles glauben.
Und dies ist der positive Teil, und der positive Teil gewinnt
Das Negative muß unterliegen.

Weil es das Negative überhaupt nicht gibt.

Zum Beispiel: Nimm einen dunklen Raum,
scheinbar dunkel, das Negative scheint dort zu sein, der Schatten,
aber wenn du Licht in diesen Raum bringst, wo bleibt dann der Schatten?
Verschwunden.
Dort, wo Licht ist, kann kein Dunkel sein.
Dort, wo man Gesundheit hineinbringt,
verschwindet das Dunkle.
Und so ist es mit allem.
Es gibt in der Natur nur das Positive, Gesunde.

Es gibt Materie, zum Beispiel.
Es gibt zwar die Abwesenheit von Materie,
aber es gibt keine Anti-Materie.
Es gibt keine Anti-Bäume,
keine Anti-Tiere und keine Anti-Sonne.
Es gibt immer nur das Positive.
Selbst beim elektrischen Strom
gibt es nur Elektronen, es gibt nicht wirklich Plus- und Minuspol.
Es gibt nur Elektronen,
kleine elektrische Teilchen.

Und genauso ist es mit deinen Nerven.
Es gibt nur die positive Kraft.
Und diese positive Kraft ist so stark,
daß sie alles überwinden kann.
Und du wirst dich mit zwingender Notwendigkeit besser und besser fühlen.
Du wirst dich mehr und mehr mit dem Positiven beschäftigen.
Vielleicht kaufst du dir ein Buch
über positives Denken
oder hörst einen Vortrag.
Vielleicht lernst du andere Menschen kennen,
mit denen du über Gesundheit sprechen kannst,
über die schönen Dinge.
Ohne daß du es merkst,
wird ein Prozeß in deinem Unterbewußtsein in Gang gesetzt,
in diesem Moment,
jetzt,
der dich dazu bringt,
mehr und mehr
das Positive zu sehen.

Spüre es jetzt!

Und wenn negative Gedanken kommen,
dann ist es sehr einfach, diese Gedanken unschädlich zu machen,
indem du dich einfach
auf irgend etwas konzentrierst,
was du siehst,
oder was du gerade tust,
oder auf irgendeine Empfindung in deinem Körper.
Wenn du dich zum Beispiel auf deinen linken Zeigefinger konzentrierst,
wenn du dich wirklich darauf konzentrierst,
was du da fühlst,
kannst du nicht denken.
Oder wenn du zum Beispiel sehr angestrengt auf einen Punkt starrst,
kannst du nicht denken.
Oder wenn du dich sehr intensiv
über etwas Schönes freust.
Du siehst ein Blatt
im Wind
oder ein schönes Bild
oder eine schöne Form
oder eine Wolke.
Dann kannst du keine negativen Gedanken haben, es ist unmöglich.
Und wenn dann doch wieder solche Gedanken kommen,
wirst du nicht dagegen kämpfen,
sondern du wirst dir selbst sagen:
»Ich werde positiv denken.«
»Welchen positiven Gedanken könnte ich jetzt haben?«
Morgens, wenn du aufwachst,
kann dein erster Gedanke ein positiver Gedanke sein.
Und du kannst dich daran erinnern,
du kannst positive Gedanken aufschreiben,
sammeln,
dir auf deinen Nachttisch legen.
Du kannst positive Gedanken auf kleine Zettel schreiben

und sie verstecken.
Denk einmal an die guten Bräuche der Vergangenheit,
warum haben früher die Frauen
Sprüche gestickt in Tücher und sie aufgehängt?
»Tritt ein, bring Glück herein.«
Warum ist dieser schöne Brauch in Vergessenheit geraten?

Früher hat man Sinnsprüche in Holzbalken geschnitzt.
Und diese Sinnsprüche
haben die Menschen ihr ganzes Leben lang positiv beeinflußt.
Und man kann es auch heute noch genauso machen.
»Ich werde jeden Tag gesünder.«
Warum nicht diesen Satz aufschreiben?
Und immer wieder lesen?
Und immer wieder wiederholen?
Und sich immer wieder damit beschäftigen?
Und sich immer wieder vorstellen, wie es sein wird,
gesund zu sein,
sich wohl zu fühlen.
Diese Dinge wirken mit zwingender Notwendigkeit, ganz gleich, was man denkt.
ganz gleich, ob man sich für beeinflußbar hält oder nicht.
Du wirst mehr und mehr Initiative ergreifen
in dieser Richtung.
Und du mußt dich wohler und wohler fühlen.
Der kleine Computer da oben mit seinen Gedanken ist nicht so wichtig.
Man kann ihn plappern lassen,
wie ein Radio, das irgend jemand nicht abgestellt hat,
und sich statt dessen und währenddessen
auf das Schöne konzentrieren,
sich ein schönes Bild anschauen,
eine schöne Musik hören.

Es gibt so viel zu entdecken in der Welt.
Und wenn es nur das Glitzern einer Glasscherbe ist,
oder ein Lichtreflex auf einer Vase
oder eine Blüte.

Ob du willst oder nicht, du wirst dich mehr und mehr
mit dem Positiven beschäftigen,
mit positiven Gedanken,
positiven Menschen,
vielleicht positiven Büchern,
positiven Gesprächen.
Du wirst mehr und mehr Mut haben,
Kontakte in diesem Sinne zu knüpfen,
und mehr Ausdauer.
Und es werden dir ganz von selbst positive Gedanken kommen

Vielleicht auch positive Träume,
vielleicht heute nacht?
Du kannst dich mit deinem Unterbewußtsein verbünden
zum Positiven, so daß es dir jeden Tag
in jeder Hinsicht
besser und besser geht.

Und ob du es willst oder nicht,
Du wirst vom Positiven
mehr und mehr beeinflußt werden.
Du wirst bereits beeinflußt
von deinen eigenen Gedanken.
Und du kannst eine Umschaltung vornehmen
für positive Gedanken von innen
und positive Gedanken von außen.
Und du wirst beweglicher
und beweglicher sein,
körperlich,
geistig
und seelisch.
Flexibler,
kontaktfreudiger,
mutiger.

Wir nehmen Wörter wichtig

Viele von uns machen sich nicht klar, daß Wörter nicht nur Informationsträger sind, sondern daß ihnen eine geistige und emotionale Kraft innewohnt, die viel stärker sein kann als zum Beispiel physische Kraft. Dies wäre sicher ein Thema für ein ganzes Buch. Ich will hier nur ein paar Bemerkungen dazu machen, um Sie daran zu erinnern, welche unglaubliche Kraft Wörter haben können.

Wörter sind Namen für etwas, das physisch oder geistig existiert.

Wir wollen alles benennen, was uns begegnet – die ersten Forscher begnügten sich oft mit Benennungen, beispielsweise von Tierarten, Pflanzenteilen, Phänomenen, Ländern und Meeren und sie vergaßen darüber, daß der (oft willkürlich gewählte) Name allein keinerlei weiteren Aufschluß über eine Sache gibt. Wir mögen nicht im geringsten verstehen, was eine Sache tut oder bedeutet, sie muß auf jeden Fall einen Namen bekommen.

Denken Sie einmal an die Unruhe eines Touristen, der den Namen eines Bauwerkes oder eines Berges erfahren möchte, und an seine Zufriedenheit, wenn er ihn kennt; denken Sie an die Qualen eines Kranken, der nicht weiß, was für eine Krankheit er hat, und den es überaus erleichtert, wenn er nur ihren Namen erfährt, obwohl damit doch eigentlich noch nichts erreicht ist. Auch den Ärzten genügt oft eine »richtige Diagnose«, was ja eben meist nicht viel mehr heißt, als daß man der Krankheit einen Namen gegeben hat.

Wenn wir im Wald einen seltsamen Käfer oder eine unbekannte Blume sehen, dann fragen wir: Wie heißt das? Noch wichtiger aber ist uns der Name eines unbekannten Menschen, mit dem wir in Kontakt treten.

Als ehemaliger Schauspieler und Regisseur trage ich einen Künstler(-vor)namen, und es erstaunt mich immer wieder, wieviele Menschen wissen wollen, wie ich denn nun »wirklich« heiße. Dabei ist doch eigentlich ein Name so gut wie der andere, und der Name, den ich mir selbst gebe, sollte doch eher »mein« Name sein, als der, den mir meine Eltern gaben.

Den Namen einer Sache zu wissen, bedeutet, Macht darüber zu haben; und Macht über etwas haben, bedeutet in gewisser Weise auch, es zu besitzen.

Wenn wir den Namen eines Menschen wissen, können wir ihn leichter beeinflussen; es ist schwierig, jemanden herumzukommandieren, dessen Namen man nicht weiß.

Ein treffender Spitzname kann die Autorität eines Lehrers oder gar eines Politikers erheblich untergraben. Auch das Geben von Kosenamen dürfte eine Art von Inbesitznahme sein, ob es sich nun um Menschen, Tiere oder Autos handelt.

Solche Namen müssen gar nicht ausgesprochen werden, es genügt, sie im geheimen zu gebrauchen. Eine Bekannte beklagte sich einmal bei mir über ihren Chef, der immer einen schrecklichen Tanz aufführte, wenn sie seiner Meinung nach etwas falsch gemacht hatte. Dadurch wurde sie so nervös, daß sie dann wirklich viele Fehler machte. Ich fragte sie, woran sie denn durch diesen »Tanz» erinnert wurde, und sie sagte spontan »an Donald Duck« und mußte furchtbar lachen. Ich riet ihr, ihren Chef im Geist Donald Duck zu nennen, und siehe da, ab sofort hatte er keine Macht mehr über ihre Emotionen. Wenn er seine Wutausbrüche bekam, dachte sie automatisch an Donald Duck und hatte dann Mühe, das Lachen zurückzuhalten. (Natürlich mußte der Chef von diesem Zeitpunkt an seine Taktik ändern – er suchte sich ein neues Mittel um ihre »Knöpfe zu drücken«.)

Welch große Energie in Wörtern stecken kann, zeigt sich auch am Straftatbestand der Beleidigung: Wenn wir jemanden mit »Idiot« beschimpfen, haben wir nicht nur die Luft in Schwingung versetzt, sondern wir haben ihn »verletzt«, und eine solche geistige Verletzung wird oft schwerer bestraft als ein körperlicher Angriff.

Auch heute noch haben Menschen Scheu, etwas zu »berufen«, den Namen des Teufels auszusprechen, oder den Namen Gottes.

Wenn jemand sagt: »Ich gebe dir mein Wort«, so ist das oft eine weit ernstere Sache als zum Beispiel die Übergabe eines Gegenstands.

Ich habe oft erlebt, daß jemand Worte zu widerrufen versuchte, indem er einen »Versprecher« beteuerte oder erläuterte, daß er es »anders gemeint« habe, aber man glaubte ihm nicht, bzw. maß den »einmal ausgesprochenen Worten« mehr Bedeutung bei als noch so ernsthaften anschließenden Beteuerungen und Erläuterungen.

Entschuldigungen müssen korrekt ausgesprochen, ein Schwur muß mit den richtigen Worten getan werden. »Ich liebe dich« sind seit jeher die magischen Worte der Liebenden, ohne sie zweifeln wir an der Liebe.

Wir messen oft den Taten nicht so viel Bedeutung bei, wie den Worten, obwohl es eigentlich klüger wäre, einen Menschen nur nach seinen Taten zu beurteilen.

Aber worauf beruht nun eigentlich die Kraft des gesprochenen oder geschriebenen Wortes? Es sind die Vorstellungen, die wir mit dem betreffenden Wort verbinden. Ein Wort, dessen Bedeutung wir absolut nicht ahnen oder kennen können, wird uns auch nicht beeinflussen. Wenn man Sie (allerdings mit neutraler Stimme) in einer absolut fremden Sprache beleidigen und beschimpfen würde, könnte Sie das nicht beeinflussen. (Bedenken Sie aber bitte, daß bestimmte Klänge oder Buchstabenkombinationen dennoch auf Sie einwirken, weil wir eben doch Vorstellungen auch zu unbekannten Wörtern entwickeln. Diese Vorstellungen können weitgehend unterbewußt bleiben – bestimmte Mantren arbeiten wohl nach diesem Prinzip.)

Halten wir also fest, daß nicht die Wörter selbst wirken, sondern das, was durch sie in uns ausgelöst wird.

Wörter sind Vorstellungen

Ganz gleich, welches Wort Sie aussprechen, Sie stellen sich das Benannte vor. Ganz gleich, welches Wort Sie hören, Sie müssen in sich ein Bild erzeugen, um zu wissen, was gemeint ist. Es ist fast unmöglich, das Wort »Elefant« zu lesen, zu hören oder auszusprechen, ohne eine entsprechende »Vision« zu haben. Und solche »Visionen« lösen im Körper eine Reaktion aus. Schon zu Beginn unseres Jahrhunderts hat C. G. Jung nachgewiesen, daß sich der elektrische Widerstand der Haut einer Versuchsperson während des Verlesens einer Liste bestimmter Wörter ständig ändert. Aber auch Puls, Atmung, Herzrhythmus und Gehirnströme verändern sich pausenlos, während wir sprechen oder hören. Man benutzt dieses Phänomen beim sogenannten Lügendetektor.

Die Wirkung der Trancetexte und aller Arten von »Affirmationen« oder positiven Suggestionen beruhen auf den Vorstellungen, die von ihnen erzeugt werden. Aber denken Sie nun bitte nicht, man müsse Vorstellungen, Bilder oder Visionen farbig oder plastisch sehen, etwa wie eine Projektion oder ein gemaltes Bild oder einen Traum! Es mag zwar sehr effektvoll sein, wenn man »eidetisch« visualisiert (so nennt man das plastische Sehen), aber es ist zur Erzielung von Körperreaktionen keinesfalls erforderlich. Wenn Sie sich eine leckere Mahlzeit vorstellen, können Sie Hunger bekommen, ohne eidetisch zu sehen. Man braucht also das eidetische Sehen auch nicht, um kreatives Visualisieren zu üben. (Beim kreativen Visualisieren stellt man sich bewußt etwas vor, was man sich wünscht.) Allerdings scheint Übung die Fähigkeit zum eidetischen Sehen zu steigern. (Übrigens besitzen zirka fünf Prozent aller Menschen von Natur aus diese Fähigkeit – ich selbst erlebe sie nur zu bestimmten Zeiten, bei Übermüdung, in euphorischen Zuständen, bei der Meditation und zwischen Wachen und Schlafen.)

Ich glaube, daß das eidetische Sehen eine entwicklungsgeschichtlich sehr alte Form von Gehirnaktivität darstellt, und daß wir modernen Menschen eher dazu neigen, unsere Vorstellungen in Gehirnteilen zu erzeugen, die dies »abstrakt« tun, indem sie die Bilder in Form von Mustern speichern und aktivieren, was eben nicht unbedingt (oder nur) im Sehzentrum oder unter dessen Beteiligung zu geschehen hat. Schließlich ist »Denken« im Grunde nichts anderes als »abstraktes Sehen«, eben mit der Möglichkeit, Dinge nicht nur mit den Augen wahrzunehmen. An der Funktionsweise eines Computers können wir uns dies klarmachen: Der Computer »sieht« nämlich auch keine Bilder, er kann aber Bilder sehr genau und in allen Farbschattierungen speichern und beschreiben. Wenn Sie den Computer abfragen, dann kann er Ihnen genauestens angeben, an welcher Stelle des Bildes genau welches »Pixel« (Bildpunkt) wie gefärbt ist. Ich will damit nicht sagen, daß das menschliche Gehirn ein Computer ist; im Gegenteil, der Computer ist ein Versuch, das menschliche Gehirn nachzuahmen – schließlich haben Menschen ihn konstruiert, und sicherlich haben sie bewußt oder unbewußt viel von ihren eigenen »Konstruktionsmerkmalen« in ihn einfließen lassen. Demzufolge können Sie, wenn Sie einen Computer und seine Programme studieren, sicherlich eine Menge über die Funktion des menschlichen Gehirns lernen. Es mag sein, daß hierauf die eigenartige Faszination beruht, die dieses technische Gerät auf viele Menschen ausübt.

Woran liegt es nun, daß Vorstellungen unseren Körper beeinflussen?

Der Körper reagiert aufgrund von Nervenreizen, und er kann nicht unterscheiden, woher der Reiz ursprünglich kommt. Ihr Magen hat keine Augen und kann nicht wissen, ob Sie Ihr Lieblingsgericht wirklich sehen oder nur daran denken. C. G. Jung stellte bei seinen Versuchen fest, daß Menschen z. B. auf ein Wort wie *Schlange* oft ebenso reagierten, als sähen sie eine Schlange, und daß ein Wort wie *Mutter* ebenso starke Emotionen auslösen kann, als wäre die Mutter körperlich anwesend. Wörter sind »magische Beschwörungen«, weil Sie mit jedem ausgesprochenen, gehörten oder gelesenen Wort gewissermaßen das »Ding«, welches es beschreibt, herbeirufen, und in

Ihrem Körper Reaktionen provozieren, so als sei das Beschworene physisch anwesend oder verwirklicht.

Wenn Sie ein Wort wie *Krieg* aussprechen, reagiert Ihr Körper anders, als wenn Sie von *Liebe* reden. Wenn Sie das Wort *Tod* lesen oder hören, fühlen Sie sich anders, als wenn es sich um Wörter wie *Leben, lebendig, lebensfroh* handelt.

Jedes gesprochene oder geschriebene Wort ruft (auf dem Umweg über die Vorstellung) das, was es beschreibt, in Ihre Nähe. Dies ist ein geistiger Mechanismus, der nach dem Prinzip »Gleiches zieht Gleiches an« funktioniert. In diesem Sinne sind Wörter wie Gegenstände oder Verhaltensweisen.

Sie erzeugen durch Gegenstände und Wörter eine Atmosphäre um sich herum, die Ähnliches und Gleichgesinnte anzieht. Wenn Sie sich das klarmachen, haben Sie das Prinzip verstanden, auf dem magische Rituale aller Art beruhen. Beispielsweise erzeugen sogenannte Zaubersprüche eine Atmosphäre um Sie herum, die Sie für das Beschworene empfänglich macht oder es anzieht. Daran ist eigentlich nichts Geheimnisvolles. Wenn Sie sich ein bestimmtes Auto kaufen wollen, fallen Ihnen plötzlich überall die gleichen oder ähnliche Modelle auf, wenn Sie etwas Neues zum Anziehen brauchen, achten Sie mehr auf die Kleidung anderer Menschen und wenn Sie sich entschließen, Heilpraktiker zu werden, sind Sie erstaunt, wer alles auch Heilpraktiker ist, werden will, Kurse anbietet oder Lehrbücher verkauft.

Nachdem ich vor ein paar Jahren am EST-Training (einem psychologischen Selbsterfahrungsseminar) teilgenommen hatte, ging ich in meine Stammkneipe, und vom Nebentisch aus sprach mich ein Mann an, den ich bisher dort noch nie gesehen hatte. Dieser Mann sagte zu mir: »Sie sehen aus, als hätten Sie gerade das EST-Training absolviert!« Nur wenige Tage später erhielt ich eine Postkarte von einem Freund, der mir begeistert vom EST-Training schrieb, und in der Folge lernte ich jede Menge Menschen kennen, die ebenfalls daran teilgenommen oder davon gehört hatten. Warum war ich vorher niemals auch nur mit dem Namen EST in Berührung gekommen? Weil ich nicht auf die entsprechende Frequenz eingestimmt war. Das

Benutzen bestimmter Worte ist der Anfang einer derartigen »Einstimmung«.

Jedes Wort, das Sie aussprechen, ist also auch ein »magischer Spruch«, eine Beschwörung – und umgekehrt ist jeder, der in Ihrer Nähe Wörter benutzt, eine Art Zauberer, der Sie beeinflußt.

Es wäre also gut, zu wissen, was Sie magisch anziehen, indem Sie es aussprechen oder daran denken, und wer Sie womit »verzaubert«, indem er Sie seinen Worten aussetzt.

Wörter sind geistige Chemikalien, und es ist kein Zufall, daß parallel zur Verseuchung der Umwelt zunehmend auch giftigere Wörter in uns eindringen. (Um Sie auf das Phänomen aufmerksam zu machen, muß auch ich leider gelegentlich das Negative erwähnen.) Beschäftigen Sie sich aber so bald als möglich mehr und mehr mit dem Positiven! Lassen Sie nur das auf sich einwirken, was Ihnen hilft, sich besser zu fühlen und was Sie gesund macht!

Überlegen Sie sich, was Sie sich wünschen und in welche Richtung Sie beeinflußt werden wollen, beschäftigen Sie sich dann ganz gezielt mit den passenden Wörtern. Wer Frieden will, muß sich mit dem Frieden beschäftigen und nicht mit dem Krieg. Wer Gesundheit will, darf nicht ständig über Krankheiten nachdenken.

Überprüfen Sie doch einmal einen Tag lang, was für Wörter Sie gebrauchen, was für Gedanken Sie haben, was Sie lesen, sprechen, hören und inwieweit Sie die hier aufgezeigten Mechanismen einsetzen, um Erwünschtes anzuziehen und Träume zu verwirklichen.

Benutze positive Worte

Und du kannst dich jetzt mehr und mehr entspannen,
ruhiger werden,
tiefer gehen
und dich in diesen wunderbaren Zustand begeben,
in dem dein Bewußtsein sehr wach ist,
in dem dein Geist aufnahmefähig ist,
in dem dein Unterbewußtes
aktiviert ist,
und all die
Anregungen und positiven Suggestionen aufnimmt,
die dir helfen werden, dein Leben besser und schöner
zu gestalten.

Du wirst in Zukunft mehr und mehr
darauf achten,
was für Worte du benutzt,
was für Assoziationen die Worte auslösen,
die du benutzt.

Und du wirst dein Augenmerk mehr und mehr
auf die positiven Aspekte richten.
Du wirst öfter und öfter darauf achten,
mehr und mehr positive Worte zu benutzen,
Worte, die positive Assoziationen auslösen.
Und du wirst erstaunt sein,
daß deine Umwelt auf dich
mehr und mehr in einer positiven Weise reagiert.
Worte beeinflussen Menschen mehr,
als man gemeinhin ahnt.

Und du wirst diesen Effekt benutzen, um
eine angenehme Atmosphäre zu verbreiten,
um Menschen dazu zu bringen, sich in deiner Gegenwart
wohler und wohler zu fühlen,
gesünder und gesünder.

Und du wirst der erste sein,
der die positiven Aspekte
dieser neuen Verhaltensweise
am eigenen Körper zu spüren bekommt.
Du wirst der erste sein,
der die wunderbaren Möglichkeiten
der positiven Beeinflussung durch Worte zu spüren bekommt.

Du wirst mit dieser neuen Möglichkeit
einen Prozeß in Gang setzen, der dein Leben
schöner und schöner gestalten wird,
und der sich selbst verstärkt.
Es wird eine Kettenreaktion geben.
Dadurch, daß du mehr und mehr positive Worte benutzt,
werden deine Gedanken positiver und positiver werden,
schöner und schöner.
Sie werden sich mehr und mehr mit den angenehmen Aspekten
des Lebens
beschäftigen,
und du wirst mehr und mehr darauf achten,
welche Art von Worten du konsumierst.

Sei es in Büchern, sei es
in Zeitungen, sei es im Fernsehen,
sei es in Gesprächen oder Vorträgen
oder Versammlungen.

Sich auf das Positive zu konzentrieren,
nur das Positive in sich hineinzulassen,
heißt nicht,
die andere Seite zu ignorieren
oder gewaltsam aus deinem Leben auszuschließen,
sondern es heißt lediglich,
für eine gesunde,
seelisch-geistige »Ernährung« zu sorgen.

Worte sind Nahrung für den Geist,
für die Psyche.

Und genauso, wie du auf eine gesunde Ernährung achten kannst,
kannst du auf eine gesunde »Wort-Ernährung« achten.
Das heißt nicht, daß du
das Vorhandensein von ungesunden Speisen ignorierst
im Gegenteil:
Du bist dir der Tatsache bewußt,
daß es Gifte und Chemikalien gibt,
eben damit du weißt,
was in dir wirken darf und soll,
was in dir Assoziationen entfalten soll,
was in dir
einen Prozeß
der seelischen und geistigen Erneuerung auslösen soll.

So, wie die physische Nahrung
die Grundstoffe für den Aufbau deines Körpers liefert
so, wie die richtige, physische Ernährung
für die Schönheit deines Körpers sorgt,
so wird die richtige geistige Ernährung
für die Schönheit deiner Seele sorgen.

Du wirst in Zukunft das in dich hineinlassen,
was dich schöner macht,
das in dir wirken lassen,
was dir guttut,
was gute Gefühle in dir erzeugt.
Du wirst mehr und mehr darauf achten,
was du liest –
bewußt lesen.
Du wirst mehr und mehr darauf achten,
was du im Fernsehen siehst –
bewußt fernsehen.
Du wirst mehr und mehr darauf achten,
was du
denkst,
denn Denken ist auch eine Form
von Nahrungsaufnahme.

Denken ist vielleicht
dem Wiederkäuen der Huftiere vergleichbar,
und kein Tier würde etwas wiederkäuen, was nicht schmeckt,
was kein Wohlgefühl auslöst.
Ein vernünftiges Tier (und der Mensch ist ein Tier,
auf eine gewisse Weise),
nimmt nur das auf,
schluckt nur das herunter,
was ihm angenehme Gefühle erzeugt,
und meidet alles,
was unangenehme Gefühle erzeugt.

Wenn dir Gedanken kommen, wirst du
bewußt sein und dich fragen:
Ist dies ein positiver Gedanke?
Will ich dies wirklich
in mich hineinnehmen?
Will ich dies wirklich in mir wirken lassen?

Du wirst in Zukunft
geistig
gesünder und gesünder leben,
bewußter und bewußter das Positive genießen
und alles andere den anderen überlassen.
Und das Positive wird in dir
seine Wirkung entfalten.

Du wirst von Tag zu Tag mehr spüren, wie das Positive in dir arbeitet,
wie das Positive deinen geistig-seelischen Körper
erneuert
und aufbaut.
Und es gibt eine Wechselwirkung zwischen dem physischen Körper
und dem geistig-seelischen Körper,
so, wie der physische Körper
darauf achtet,
nur das für ihn Gute,

das für ihn Positive,
das Aufbauende
in sich aufzunehmen,
und so, wie das Positive und Aufbauende
auch in den seelischen Bereich hinein wirkt,
so wird umgekehrt
das positiv Aufbauende des seelisch-geistigen Bereiches
seine Wirkung im Physischen
entfalten.

Wenn du das Gesicht eines Menschen anschaust,
wenn du den Körper eines Menschen anschaust,
kannst du sehen, was dieser Mensch denkt.
Ein Mensch, der positiv denkt,
schaut positiv aus,
wirkt positiv,
hat ein schönes Gesicht,
hat einen schönen Körper.
Und ich meine nicht die Schönheit
der Magazine und Illustrierten,
ich meine diese Schönheit, die von innen kommt,
die jeder spürt.
Ein solcher Mensch
leuchtet von innen.

Du wirst dieses innere Leuchten mehr und mehr spüren
je mehr du darauf achtest,
was du in dich hineinnimmst.
Du wirst in Zukunft
mehr und mehr das Positive
für dich auswählen, das Positive
zu deiner geistigen und seelischen Nahrung machen.

Und du wirst die Menschen um dich herum
mehr und mehr in dieser Richtung beeinflussen,
so daß die positiven Menschen dich suchen werden,
mit dir zusammensein wollen,
um diesen Effekt zu genießen

und gemeinsam zu verstärken.
Und der Negative wird dich automatisch meiden,
weil er in dir nicht mehr seinen Spiegel finden kann.

Das Positive wird dich suchen,
und nicht nur der positive Mensch wird dich suchen,
sondern
die positiven Begebenheiten werden Dich suchen.
Warum geschieht manchen Menschen soviel Positives?
Weil das Positive sie sucht.
Gleiches zieht Gleiches an
nach den Gesetzen der Resonanz.

Es ist ein Prozeß der Synchronisation.
Wenn du zwei Pendeluhren nebeneinander an eine Wand hängst,
dann werden sie nach einer gewissen Zeit
im gleichen Rhythmus schwingen.
Das Gesetz der Resonanz wirkt.

Menschen, die ähnliche Schwingungsmuster haben,
ziehen einander an,
verstärken sich gegenseitig,
synchronisieren sich gegenseitig,
werden zu einer Einheit.
Und das Positive
kann sich ausbreiten
in deiner unmittelbaren Umgebung,
deiner Familie,
in den Menschen, mit denen du täglich zu tun hast.

Und du kannst mehr und mehr dem natürlichen Wachstum vertrauen.
Denn das Positive ist auf Dauer stärker.
Es breitet sich aus,
es wächst,
es dehnt sich aus.

Positiv sein heißt,
natürlich sein,
dem Wachsen und Gedeihen und Blühen verpflichtet,
der Weiterentwicklung, der Evolution,
der Schönheit,
dem Optimismus,
der ständigen Suche nach
positiven Möglichkeiten,
der Ausdehnung,
des Sich-wohler-und-wohler-Fühlens,
der wachsenden Selbsterkenntnis und der größeren und größeren Bewußtheit.

Positive Selbstbeeinflussung

Es gibt unzählige Bücher über das sogenannte *positive Denken,* und man sollte glauben, daß diese ausreichend Anleitungen enthalten, es auch praktisch anzuwenden. Ich mußte jedoch in meiner Praxis immer wieder feststellen, daß viele Menschen die Prinzipien zwar verstehen, aber große Mühe haben, sie auch zu verwirklichen. Einer der Schwerpunkte dieses Buches liegt deshalb auf der praktischen Anwendung von positivem Denken, positiven Suggestionen und Vorstellungen.

Wir sagten, daß positive Wörter positive Vorstellungen auslösen.

Es lag daher nahe, ein Verzeichnis anzulegen, das Wörter enthält, die eine positive Wirkung oder einen positiven »Beigeschmack« haben. (Inzwischen ist fast eine Art Wörterbuch daraus geworden, das Sie im fünften Kapitel finden. Dort gebe ich auch nähere Erläuterungen, nach welchen Kriterien ich diese Wörter zusammengestellt habe.) Als ich anfing, positive Wörter zu sammeln, war ich sofort überrascht, wieviel gute Gefühle allein dadurch schon entstanden. Es macht wirklich Spaß, mit positiven Wörtern zu arbeiten, sie zu sammeln wie Briefmarken. Oft war ich erfreut, mitten in einem ernsten

Werk plötzlich eine Anhäufung von ihnen zu entdecken – oft in Zitaten älterer Belletristik. Es ist schade, daß Sprachforscher sich bislang noch nicht mit dieser Thematik befaßt haben.

Stöbern Sie möglichst häufig in diesem Verzeichnis, ergänzen Sie es, legen Sie sich selbst eine Sammlung von Wörtern an, die auf Sie besonders stark wirken, benutzen Sie es, um sich selbst positive Suggestionen zu geben, bringen Sie spaßeshalber in einem Brief einmal besonders viele positive Wörter unter und warten Sie die Wirkung beim Empfänger ab. Oder erfinden Sie eine Geschichte, ein Märchen, einen Schlagertext! Gereimte und/oder gesungene Suggestionen wirken besonders stark, was sich die Werbung seit langem zunutze macht.

Sowie Sie mehr auf »positiv-negativ« achten, werden Sie erstaunt sein, wie selten Sie auf wirklich positive Texte, Gedichte, Aussagen und Schilderungen stoßen, selbst im sogenannten schöngeistigen (!) Bereich – es ist, als ob wir in einer Zeit leben würden, die das Negative geradezu beschwören möchte.

Denken Sie allerdings bitte nicht, ich würde die Benutzung »negativer« Wörter total ablehnen, ich meine nur, wir sollten uns ihres Einflusses mehr und mehr bewußt werden und lernen, uns nur das »zuzufügen«, was wir auch verkraften können.

Wenn Sie einmal an einer politischen Versammlung teilgenommen haben, in der über Mißstände diskutiert wurde, dann haben Sie vielleicht bemerkt, daß kaum einer der Teilnehmer sich hinterher besonders gut fühlte. Wir schimpfen über Umweltverschmutzung und merken gar nicht, wie wir uns deren schreckliche Auswirkungen fein säuberlich in unsere Zellen einprogrammieren. Deshalb fühlen sich Menschen nach solchen Veranstaltungen manchmal »wie gerädert« oder »wie ausgewrungen«. Es kann sein, daß nach vielen Diskussionen so wenig Positives passiert, weil man einfach keine Kraft mehr zum Handeln hat, wenn der Körper von negativen Vorstellungen vergiftet ist. Natürlich muß man das Negative benennen und bekämpfen, aber wer die geistigen Mechanismen kennt, findet intelligentere Wege, mit Problemen umzugehen. Es wäre zum Beispiel denkbar, einen Teil einer Veranstaltung für die Problembeschreibung zu reservieren und dann die positive Kreativität der Anwesenden anzuregen. Wer jemals an einem Kreativitätstraining teilgenommen hat, weiß, mit wieviel positiver Kraft und Tatendrang man sich hierdurch aufladen kann. In Werbung und Industrie werden solche Trainings veranstaltet, denn mit Kreativität und positiven Wörtern, Bildern, Verpackungen und Strategien kann man besser verkaufen.

Ich will allerdings hier nicht unerwähnt lassen, daß es in der Psychotherapie reinigend und befreiend sein kann, das Negative zu beschreiben und auszuagieren.

Auch ein Buch, wie Watzlawicks »Anleitung zum Unglücklichsein« zeigt durch seine spitzbübisch decouvrierende Schilderung unserer gewaltigen Begabung für das Negative, daß man dieses nicht unbedingt vermeiden muß, wenn man das Positive will.

Werden Sie also bitte nicht zum Dogmatiker oder Fanatiker, achten Sie einfach auf die Wirkung des negativen und des positiven Denkens und setzen Sie es intelligent und zu Ihrem Vorteil ein.

Direkte positive Suggestion

Die direkte Suggestion ist die einfachste Form der in diesem Buch vorgestellten Möglichkeiten, Worte zur Erreichung positiver Ziele zu gebrauchen. Über das Thema Suggestion gibt es unzählige Publikationen, und ich möchte hier auch nicht auf die Theorie der Suggestion eingehen.

Dies ist ein praktisches Buch, und der Schwerpunkt soll deshalb auf der Frage liegen, wie man Suggestionen erstellt, die auch wirksam sind. Hier dürfte Nachholbedarf bestehen, denn ich finde zum Beispiel auch in Büchern renommierter Autoren immer wieder Suggestionen, wie »Ich habe keine Schmerzen mehr«, oder »Ich habe keine Angst vor Menschen«.

Warum sind solche Suggestionen fragwürdig? Weil sie immer wieder die Vorstellung »Schmerz« und »Angst« aktivieren. Wovon auch immer ich spreche oder schreibe, wovon auch immer Sie sprechen und was Sie denken, *das* müssen Sie sich vorstellen, bzw. Ihr Unterbewußtsein entwickelt eine Phantasie dazu. Wenn Sie ein Wort wie »Angst« benutzen, dann stellen Sie sich die Angst vor, und Ihr Körper reagiert auf diese Vorstellung. Die Wörtchen »nicht« oder »keine« haben für das Unterbewußtsein und seine archteypische »Denkweise« wenig oder gar keine Bedeutung.

An einem Beispiel möchte ich es noch deutlicher zeigen: Sie haben einen Hund, und während Sie sein Fressen zurechtmachen, sagen Sie meist »Mhm, happihappi«. Sehr bald wird der Hund schon bei dem Wort »Happihappi« in die Küche kommen und sein Futter erwarten. Nun stellen Sie sich vor, Sie würden eines Tages sagen: »Heute bekommt der Hund aber kein »Happihappi«. Wollen wir wetten, daß Ihr Hund augenblicklich in die Küche kommt und auf sein Futter wartet? Ihr Unterbewußtsein versteht Sprache auf ziemlich genau die gleiche Art, wie ein Hund dies tut.

Es ist interessant, daß Menschen mit Problemen oft Mühe haben, überhaupt zu erkennen, daß sich das Unerwünschte, daß sich Ihr Leiden immer wieder, obwohl sie die Prinzipien verstanden haben, fast unbemerkt und ungewollt in die positiven Suggestionen, die sie sich selbst geben, einschleicht. Manche Menschen haben gar allergrößte Schwierigkeiten, überhaupt positive Worte oder Formulierungen zu finden – sie können sich das Erwünschte nicht vorstellen, und es fehlen ihnen demzufolge auch die Worte, um die erwünschte Vorstellung zu beschreiben. Dies ist oft ein wirklicher Teufelskreis, den zu durchbrechen dieses Buch mithelfen will.

Eine meiner Klientinnen formulierte immer wieder Suggestionen wie: »Ich bin frei von Zweifel, Angst und Sorge.« Jedes der drei Hauptworte aktiviert das, was Sie gerade nicht will und das kleine Eigenschaftswörtchen »frei« als Gegengewicht auf der anderen Seite hat da offensichtlich keine Chance.

Vermeiden Sie es sorgfältig, in den positiven Suggestionen das Unerwünschte auch nur zu erwähnen! Suchen Sie in der Sammlung positiver Worte etwas Passendes. Überprüfen Sie Ihre selbst erstellten Suggestionen grundsätzlich auf Verneinungen aller Art und formulieren Sie positiv.

(Daß die Theorie von der Wirkungslosigkeit der Verneinung bei Suggestionen richtig ist, beweist auch die Tatsache, daß man Verneinungen für die indirekte Suggestion verwenden kann; ich sage zum Beispiel in der Therapie oft: »Entspannen Sie sich *nicht,* Sie müssen *nicht* ruhiger werden...«, und das wirkt oft entspannender als jede direkte Formulierung. Aber hierüber mehr im Kapitel über die indirekte Suggestion.)

Es kann sein, daß Sie absolut kein Wort für das erwünschte Positive finden, das ist ein Zeichen dafür, daß Sie es sich bisher nicht bildlich vorgestellt haben. Die oben erwähnte Klientin litt zwar unter ihren dauernden Zweifeln und Ängsten, aber sie hatte sich niemals Gedanken gemacht, was sie denn statt dessen fühlen wollte. In diesem Fall waren lange Meditationen und Sitzungen nötig, um die Erinnerung an positive Gefühle aus der Vergangenheit wachzurufen. Erst dann konnte sie formulieren: »Ich werde mich in jeder Situation fühlen wie ein Adler, der durch die Lüfte braust.« Ist diese bildhafte Vorstellung nicht schön? Sie drückt besser aus, was die Klientin sich wünschte, als jede abstrakte Formulierung wie »Ich bin stark« oder »Ich gehe meinen Weg voller Energie«.

Die Kraft von: »Ich werde mich in jeder Situation fühlen wie ein Adler, der durch die Lüfte braust« entsteht auch dadurch, daß der Adler (ein altes Symbol – nicht umsonst ein beliebtes Wappentier) sich bewegt. Bewegte Vorstellungen wirken stärker als unbewegte.

Als ich begann, mich mit diesen Dingen zu beschäftigen, entwickelte ich für mich selbst die folgende Vorstellung von Gesundheit: Ich sah mich selbst wie ein Surfer über die Wellen reiten, der frische Wind ließ meine Haare wehen, die Gischt erfrischte mich, und ich fühlte mich stark, voller Hoffnung und Kraft. Diese Vorstellung (achten Sie bitte wieder darauf, wie gerne die Werbung solche suggestiven Bilder benutzt!) verband ich mit einer Formulierung wie »Ich werde jeden Tag gesünder.«

Sie können nach meiner Erfahrung das Erwünschte ohne weiteres in die Zukunft verlegen (etwa wie: »Ich werde fröhlicher und fröhlicher sein«), allerdings gibt es hierfür auch noch geschicktere Methoden, die ich Ihnen im folgenden vorstellen werde.

Einige Autoren behaupten, man solle Suggestionen so formulieren, als sei das Erwünschte schon eingetreten und empfehlen »Affirmationen« wie »Ich habe viel Geld«, oder »Ich bin vollkommen gesund«. Hiermit habe ich schlechte Erfahrungen gemacht, denn die meisten Menschen aktivieren und verstärken mit solchen »Sprüchen« lediglich das Bewußtsein für ihre Misere und bewirken dadurch genau das Gegenteil von dem, was sie erreichen möchten.

Die Wirkung von Suggestionen beruht darauf, daß das Unterbewußtsein sich das Positive, das Erwünschte intensiv vorstellt und mit der ihm eigenen Intelligenz – die größer ist und besser funktioniert, als die Intelligenz des denkenden Gehirns – Mittel und Wege findet, es zu verwirklichen. Das Problem liegt nämlich nicht darin, daß das Unterbewußtsein erzogen und auf den richtigen Weg gebracht werden müßte, sondern daß der hindernde und »dumme« Verstand seine störenden Taktiken aufgibt!

Hier nun einige Möglichkeiten, Suggestionen zu formulieren: Suchen Sie sich die angenehmsten heraus und setzen Sie das Erwünschte ein, eventuell nachdem Sie das Verzeichnis der positiven Worte »durchgekämmt« haben.

Ich habe mehr und mehr Spaß an ...
Ich sehe mehr und mehr Möglichkeiten, um ...
Ich spüre in mir mehr und mehr ...
Aus der Tiefe meines Wesens steigt mehr und mehr ... auf.
Ich habe in jeder Situation mehr ...
Ich kann immer besser ... visualisieren.

Ich kann mir ... immer besser vorstellen.
Ich werde mehr und mehr von einem Gefühl von ... erfüllt.
Ich lerne, jeden Tag besser zu ...
Ich erinnere mich immer wieder an ...
Ich beginne jeden Tag mit dem Gefühl ...
Ich habe mehr und und mehr Freude an ...
Ich weiß mehr und mehr zu schätzen, daß ...
Ich werde jeden Tag dankbarer sein für ...
Ich spüre jeden Tag stärker ...
... wird mir mehr und mehr zugänglich.
Ich verstärke jeden Tag meine Fähigkeit, zu ...
Ich wandle auf dem Weg der/des ...
In mir entfalten sich ...
Mir fällt immer wieder ein, daß ich ...
Ich erinnere mich bei jeder Gelegenheit ...
Ich bin dankbar für mehr und mehr ...
Ich heiße mehr und mehr ... willkommen.
Ich bin mehr und mehr durchdrungen von ...
Ich kann jetzt schon fühlen, wie ich jeden Tag mehr und mehr ...
Ich fühle in mir ... wachsen und wachsen.

Wenn Sie sich selbst Suggestionen erstellen, fügen Sie das jeweils Erwünschte ein und benutzen Sie die vorstehenden Formulierungen, soweit Sie Ihnen gefallen!

Indem Sie nicht einfach sagen »Ich habe viel Geld«, oder »Ich bin vollkommen gesund«, geben Sie Ihrem Unbewußten Möglichkeiten, die betreffende, erwünschte Situation oder das erwünschte Gefühl auf realistische Weise zu entwickeln und das Ergebnis vorstellbar zu machen. Dies ist auch ein ausgezeichneter Weg, um zu verhindern, daß Ihr Verstand ständig widerspricht, denn »Ich habe viel Geld«, oder »Ich bin vollkommen gesund« könnte einfach als Lüge interpretiert werden, wohingegen »Ich verstärke jeden Tag meine Fähigkeit, Geld anzuziehen«, oder »Ich kann jetzt schon fühlen, wie ich jeden Tag gesünder werde«, durchaus realistisch erscheinen.

Und nun möchte ich noch eine Reihe direkter Suggestionen anfügen, die ich im Laufe der Zeit gesammelt habe und die ganz allgemein eine gute Wirkung haben. Studieren Sie diese Suggestionen immer wieder, finden Sie die für Sie wirkungsvollsten heraus und fügen Sie neue hinzu! Es gibt kaum eine sinnvollere und schönere Beschäftigung! Viele Menschen beten heutzutage nicht mehr, ein Wort wie »Erbauung« ist praktisch ausgestorben, die moderne Lyrik und Poesie beschäftigt sich mehr und mehr mit dem Negativen, und so können positive Suggestionen dieses Vakuum füllen helfen und für Sie zu einer Quelle der Kraft werden.

Allgemeine positive Suggestionen

Ich werde mehr und mehr von einem Gefühl der Freiheit erfüllt sein.

Ich werde mehr und mehr meine innere Freiheit genießen,
meine innere Freiheit und meine äußere Freiheit.
Denn ich bin frei.

Ich kann mehr und mehr meine Gefühle erlauben,
fließen lassen,
kann mehr und mehr meinen Gefühlen folgen.

Ich kann jeden Tag lockerer, ruhiger, weicher und gelassener werden.

Meine Energie fließt und führt mich auf den richtigen Weg.

Mein inneres Wissen wird größer und größer.

Meine Intuition wird jeden Tag besser.

Ich werde mich mehr und mehr in mir zu Hause fühlen.

Ich werde meinen Weg und meine Aufgabe finden.

Ich werde von meinem Weg, von meiner Aufgabe und von meinem Weg vollkommen ausgefüllt.

Ich werde ich selbst.

Ich werde freier und freier.

Ich lebe mehr und mehr für mich selbst.

Ich fühle mich mit mir selbst wohler und wohler,
gesünder und gesünder,
stärker und stärker.

Ich fühle mich rundum wohl,
in mir selbst zu Hause,
in mir selbst ruhend,
weich, wohlig, warm, geborgen, sicher und ruhig.

Ich bin mir meiner selbst sicherer und sicherer.

Ich bin mir meiner selbst mehr und mehr bewußt.

Ich lerne mein Selbst mehr und mehr kennen.

Ich vertraue mehr und mehr dem, was ich fühle.

Ich genieße mein Leben mehr und mehr,
ich lebe mehr und mehr mit allen Fasern,
mit meinem Körper, mit meiner Seele, mit meinen Gefühlen mit meinem Geist.

Das Leben durchströmt mich,
durchpulst mich.

Ich werde mehr und mehr zu dem, was ich sein möchte.

Ich fühle mich mit mir selbst wohler und wohler,
stärker und stärker,
gesünder und gesünder.

Ich vertraue mir selbst mehr und mehr,
ich vertraue mehr und mehr meinen Gefühlen.

Ich werde lockerer,
ruhiger und gelassener.

Ich lasse mich mehr und mehr auf den Weg meiner Bestimmung führen,
auf den Weg meiner Gefühle,
meines inneren Wissens,
meiner Intuition,
meines Glücks.

Ich werde mehr und mehr so sein,
wie es mein persönliches Glück erfordert.

Ich spüre mehr und mehr die Kraft meiner Mitte.

Ich fühle mich innerlich vollkommen ausgefüllt.

Ich komme nach Hause.

Ich werde jeden Tag gelassener und ruhiger,
jeden Tag innerlich ausgeglichener.

Ich werde jeden Tag positiver
und hoffnungsvoller.

Ich freue mich jeden Morgen darauf,
was dieser Tag an Positivem für mich bringen wird.

Ich bekomme immer mehr Mut,
mich jeder Situation zu stellen.

Ich kann in jeder Situation
das Positive für mich entdecken.

Ich kann jede Situation als Herausforderung betrachten,
um zu lernen,
und um mich zu verbessern.

Ich werde immer aufgeschlossener gegenüber Situationen,
gegenüber anderen Menschen.

Meine Zukunft sieht sehr, sehr rosig aus,
weil ich jeden Tag mehr lerne,

weil jeder Tag für mich ein Abenteuer ist.
Weil ich neugierig bleibe,
lernwillig,
weil ich mich verbessern will,
und weil mein Interesse an allem mehr und mehr zunimmt.

Ich befinde mich ständig
in der Erwartung des Neuen,
des Guten, des Positiven.

Ich freue mich mehr und mehr meines Lebens,
ich freue mich mehr und mehr
über neue Lernprozesse,
neue Herausforderungen, neue Menschen, neue Situationen
Und ich werde mehr und mehr Spaß haben am Leben
und an allem,
was mir geschieht und was ich tue.

Ich nehme mein Leben immer mehr und mehr in die Hand.

Ich kann meinem Unterbewußtsein vertrauen, daß es mir hilft

Ich kann mir selbst positive Suggestionen geben
bei jeder Gelegenheit.

Ich kann das Lächeln des Schicksals spüren,
sehen und genießen.

Ich kann sicher sein, daß ich meinen Weg finde,
ich kann sicher sein,
daß ich immer wissen werde, was ich will,
ich kann sicher sein,
daß ich immer genau das Richtige tun werde.

Ich werde offener und offener
für andere Menschen,
für Hinweise,
woher auch immer sie kommen,
ob aus mir oder von außen.

In dem Maße, in dem ich mein Selbst mehr und mehr kennenlerne,
kann ich mir selbst auch mehr vertrauen.
Denn ich weiß,
ich ruhe auf diesem Grund.

Ich werde mehr und mehr Sicherheit bekommen,
ich werde mehr und mehr meiner selbst sicher sein,
ich werde mehr und mehr Selbstvertrauen haben
und mehr und mehr Selbstsicherheit.
Und ich werde mehr und mehr wissen,
was ich wirklich will.

Mein Spaß am Leben wird mehr und mehr zunehmen,
meine Freude,
mein positives Denken,
meine positive Ausstrahlung,
mein positives Lebensgefühl,
meine Freude am Leben,
meine Offenheit.

Ich werde mehr und mehr Spaß haben,
daß ich existiere,
daß ich mich weiterentwickle,
daß ich lerne.

Ich werde mehr und mehr lernen,
mehr und mehr Freude am Lernen haben.
Und ich werde mehr und mehr Möglichkeiten sehen,
zu lernen
und Freude zu haben,
an kleinen Dingen und an großen Dingen.

Und ich werde mehr und mehr diese Positivität spüren,
diese Liebe, diese göttliche Liebe,
ich werde immer öfter spüren, wie sehr ich damit verbunden bin,
und es wird immer öfter aus der Tiefe meines Wesens aufsteigen,
es wird mir mehr und mehr zugänglich sein.

Ich werde ruhiger und ruhiger werden,
ausgeglichener,
harmonischer,
gelassener,
positiver
und hoffnungsvoller.
Und ich werde diese Eigenschaften in jeder Situation haben
ganz gleich, was es ist.

Ich werde jede Situation als Möglichkeit willkommen heißen
zu lernen,
mich weiterzuentwickeln,
mich weiterzubilden,
und ich werde mehr und mehr
wissen, was ich wirklich will,
werde meine Ziele klarer und klarer sehen.

Und ich kann diese Ziele auch immer besser und besser visualisieren,
kann mir immer genauer vorstellen,
was ich will.
Und je genauer ich es mir vorstelle,
um so besser und schneller wird es sich verwirklichen.

Ich werde mehr und mehr
von einem Gefühl der Zufriedenheit erfüllt sein.
Von einem Gefühl, daß alles richtig ist,
so wie es ist,
daß alles so ist, wie es sein soll.

Ich werde jede Situation, ganz gleich welcher Art,
mehr und mehr genießen können.

Ich kann jeden freien Moment ausnutzen,
um mir selbst das Positive zu suggerieren.
Ich kann mir sogar suggerieren,
daß ich mir in jeder freien Minute das Positive suggerieren werde.

Ich werde mich immer mehr mit Menschen und Dingen umgeben,
die mir das Positive suggerieren
und mich mehr und mehr abschirmen vom Negativen.
Und deshalb muß es mir
mit zwingender Notwendigkeit
jeden Tag in jeder Hinsicht
besser und besser gehen.

Das Geheimnis der Trancetexte

Sie haben vielleicht schon bemerkt, daß ich sehr oft nicht direkt formuliere, (»Ich fühle mich besser...«), sondern: »Ich *kann* mich besser fühlen...«, oder gar: »Ich *kann lernen,* mich immer besser zu fühlen.«

Ich gebe dem Unterbewußtsein damit die Freiheit und die Möglichkeit, sich selbst für das Bessere zu entscheiden: Ich erteile keinen Befehl, sondern mache lediglich einen Vorschlag.

Vielleicht ist Ihnen auch aufgefallen, daß ich in den Trance- und Suggestionstexten sehr oft mitten im Satz – unlogisch scheinend – eine neue Zeile anfange. Wenn Sie diese Texte sprechen, sollten Sie dort eine Pause machen. An diesen Stellen könnte nämlich jeweils die Frage »Was?« oder »Wie?« oder »Welche(r/s)? usw. stehen, und in der kleinen Pause sucht das Unterbewußtsein in seinem eigenen Fundus nach der jeweiligen individuellen Antwort.

Aber auch an anderen Stellen lassen die Texte Ihrem Unterbewußtsein viel Freiheit, selbst zu assoziieren, eigene Vorstellungen darüber zu entwickeln, was es möchte und was gut für Sie ist. Bei strenger intellektueller Analyse würden sich manche Passagen als langatmig entpuppen – aber gerade diese geben Ihrem Unterbewußtsein die Freiheit, sich das für Sie Richtige herauszusuchen.

Denn Sie können Ihrem Unterbewußtsein nicht wirklich jede beliebige Suggestion geben, Sie können nicht auf Dauer etwas von ihm verlangen, das gegen seine Natur verstößt.

Sie dürfen getrost davon ausgehen, daß keine Suggestion, welcher Art auch immer, wirklich wirkt, wenn Ihr Unterbewußtsein das nicht will.

Andererseits weiß Ihr Unterbewußtsein viel besser als Sie selbst, was gut für Sie ist.

Im Grunde genommen machen Sie also nur Vorschläge, und Ihr Unterbewußtsein wählt aus, vielleicht sogar mit einem »Aufatmen«, daß Sie endlich aussprechen, was »ES« schon immer wollte und wünschte, was Sie aber mit Ihrem Verstand und ihren Handlungen immer verhindert haben.

Denn warum brauchen Sie überhaupt Suggestionen? Weil Sie bislang eben nicht auf die Weisheit des Unterbewußtseins gehört haben.

An anderen Stellen haben die Zeilenwechsel eher mit dem Sprachrhythmus zu tun, wenn Sie sich beim Sprechen daran halten, entsteht ein »Singsang«, der entspannend, beruhigend und heilend wirkt.

Und dann gibt es noch Stellen, die durch das Layout eine Art Doppeldeutigkeit entstehen lassen, welche das Unterbewußtsein auf seine Weise deutet und benutzt. Diese Passagen freilich müssen Sie schon selbst herausfinden, falls Sie sich dafür interessieren. Für die Wirkungsweise ist es unerheblich, ob Sie sie kennen oder nicht.

Bevor ich Ihnen nun weitere Methoden vorstelle, das Unterbewußtsein zu beeinflussen – oder besser gesagt: wie Sie dem Unterbewußtsein erlauben können, für Sie die Weichen für die Erfüllung Ihrer Wünsche zu stellen –, möchte ich mit einigen völlig falschen Vorstellungen vom Wesen des Menschen und seiner Seele aufräumen. Dies soll mit dem Abdruck eines Vortrags geschehen, der in Trance gehalten wurde, und den Sie gekürzt auch als suggestiven Trancetext benutzen können. Dabei sollten Sie die Stellen weglassen, die das Negative erwähnen.

Das Geheimnis der Seele

Alles ist eine Einheit.
Selbst weit voneinander entfernt scheinende Gebiete
gehören zusammen,
und wenn ich spreche,
muß ich etwas herausgreifen, was man eigentlich nicht
herausgreifen kann.

Es gibt keine Seele.
Nicht in dem Sinne,
daß die Seele eine Einheit wäre.
Es gibt kein Bewußtsein.
Nicht in dem Sinne, daß das Bewußtsein
eine Entität wäre,
ein einheitliches Gebilde.

Sehr wohl gibt es Bewußtsein in dem Sinne,
daß sich Teile der Schöpfung ihrer selbst bewußt werden,
einfach aufgrund der Wechselwirkung mit der Umwelt.
In diesem Sinne gibt es schon sehr lange Bewußtsein.
In diesem Sinne sind Tiere bewußt.
In diesem Sinne sind Pflanzen, Viren,
vielleicht sogar Kristalle bewußt.

Wenn du das Bewußtsein
oder das, was ein Mensch als Bewußtsein bezeichnet,
genauer untersuchst,
wenn du den Menschen beobachtest,
wirst du feststellen, daß das,
wovon er eben noch behauptet hatte, es sei da,
es sei fühlbar, es sei bewußt,
im nächsten Moment
völlig abwesend ist.

Ein Mensch mag mit dir stundenlang
über Bewußtsein und über seine Seele diskutieren,
aber kurze Zeit später findest du ihn in einer anderen Situation,

und wehe, du sprichst ihn darauf an:
Er mag dich sehr erstaunt anschauen,
und dann erinnert er sich an das Gespräch,
aber jenes Bewußtsein aus dem Gespräch scheint durch ein anderes Bewußtsein ersetzt worden zu sein.

Wenn er in einer emotionalen Situation ist,
kann er sehr wütend mit dir werden,
wenn du ihn darauf ansprichst.

Es gibt zwar Menschen, deren Bewußtsein
eine gewisse Stabilität erreicht hat,
eine gewisse Kontinuität.
Aber diese Menschen sind selten.

Wenn du dich abends ins Bett legst, und vor dem Einschlafen
in dich hineinfühlst,
kannst du sehr wohl eine Seele
in dir empfinden,
eine Größe,
ein Dasein.
Und dies ist keine Einbildung.
Dieses Gefühl geht auf eine physische und psychische Realität zurück.
Aber wo ist diese Größe und dieses Dasein und diese Realität,
während du unter Zeitdruck an einer roten Ampel stehst,
während man eine Unterschrift von dir verlangt,
während jemand dich beschimpft,
wenn dein Auto kaputtgeht,
wenn dein Freund dich verläßt?

Der Mensch besteht aus einer Unsumme kleiner
Bewußtseins-Entitäten,
einer Unsumme kleiner Seelen.
Und was diesen kleinen Seelen manchmal
Größe verleiht oder Kraft verleiht,
ist lediglich das Ausgerichtetsein,
der vereinigte Impuls in eine gemeinsame Richtung.

Eine einzelne Zelle deines Körpers mag zum Beispiel Hunger
haben,
einen bestimmten Nährstoff brauchen, aber die Stimme dieser
kleinen Zelle in dir wird überhört werden.

Aber sowie mehr und mehr Zellen
über Mangel an einer bestimmten Substanz klagen,
wird die Stimme lauter in dir,
und irgendwann ist sie nicht mehr zu überhören,
irgendwann kannst du sagen:
»Ich habe Hunger.«

Man sollte sagen:
»Mein Körper hat Hunger«,
oder vielleicht nur:
»Die Zellen meines Magens haben Hunger.«

Denn das, was du innerlich als »Ich« bezeichnest,
kann es wirklich Hunger haben?

Ein ähnliches Phänomen gibt es beispielsweise in
Vogelschwärmen:
Wenn du einen Schwarm von Staren beobachtest:
jeder Star hat seine Individualität.

Bevor ein Schwarm sich wieder in die Luft erhebt,
werden einzelne Vögel unruhig,
springen hoch oder flattern hoch
und setzen sich wieder.
Es gibt eine »statistische« Unruhe,
einen »statistischen« Wunsch, wegzufliegen.

Der Schwarm selbst hat keine Individualität
in dem Sinne, wie der einzelne Vogel eine Individualität hat,
aber der Schwarm ist mit seiner Intelligenz dennoch fähig,
größere Entscheidungen zu treffen,
weitreichendere Entscheidungen zu treffen,
als der einzelne Vogel.

Einzelne Vögel hier und da mögen entscheiden:
»Laßt uns fliegen«,
aber der Schwarm wird sich nicht erheben.
Erst, wenn eine bestimmte Schwelle erreicht ist,
wenn eine bestimmte Anzahl von Vögeln sich zu gleicher Zeit erhebt,
wenn die Unruhe einen bestimmten Grad erreicht hat,
dann fliegt plötzlich der ganze Schwarm.

Und für einen Beobachter mag die Illusion entstehen,
es gäbe eine Seele des Schwarms,
eine Individualität des Schwarms, einen Willen des Schwarms
aber in Wirklichkeit war dieses Handeln,
dieser Ausdruck des Willens,
nur die Summe der einzelnen Individualitäten
und deren Willen.

Und es ist wirklich eine größere Intelligenz, die im Schwarm wirkt.
Aber dennoch ist diese größere Intelligenz keine Entität,
so wie wir Menschen uns eine Seele vorstellen.

Tatsache ist,
– und das mag für manchen schwer zu akzeptieren sein –,
daß der einzelne Mensch
ganz ähnlich wie ein Schwarm funktioniert.

Die Zahl der Zellen ist natürlich viel größer
und es gibt bereits auf einer viel niedrigeren Ebene »Schwärme«,
in dem Sinne, daß sich bereits einzelne Zellen
zu Schwärmen zusammengefunden haben, und daß
wiederum diese Schwärme größere Schwärme ergeben und
wiederum die größeren Schwärme
eine Summe, ein Gruppenego bilden.

Aber prinzipiell funktioniert der Mensch nicht anders,
als ein Schwarm von Vögeln.

Wenn du dieses Modell des Menschen akzeptierst
ohne Bedauern,
kannst du plötzlich verstehen,
warum manche Entscheidungen so schwierig sind,
warum manche Gefühle so widerstrebend sind,
warum man manchmal das Gefühl hat:
»Nicht zwei Seelen, sondern viele Seelen wohnen in meiner Brust.«

Wenn du dies akzeptieren kannst,
wirst du auch akzeptieren und verstehen,
daß der Mensch heute eine Entscheidung fällt
und morgen eine völlig andere
und übermorgen wieder eine andere.

Du kannst plötzlich verstehen, daß du dich heute
auf eine bestimmte Weise fühlst
und glaubst, du hättest jetzt die Weisheit gefunden,
und daß du am nächsten Morgen aufwachst,
und feststellst, daß dieses Gefühl total verschwunden ist.
Daß kaum ein Hauch einer Erinnerung zurückbleibt.

Tatsache ist, daß diese vielen
tausend oder Millionen Seelen in dir
lediglich durch eine gemeinsame Richtung
vereinigt werden können.

Wenn die Stare in alle Richtungen des Himmels auseinanderfliegen,
entsteht keinerlei Kraft,
keinerlei Möglichkeit, nach außen zu wirken,
aber je mehr die Einzelseelen synchronisiert werden,
um so stärker wird die Kraft des Schwarms.

Und es ist die Frage,
welcher Teil von dir, welche Einzelseele in dir
zur integrierenden Kraft werden kann.
Dies ist die wichtigste Frage deines Lebens.

Das Leben hätte sich
wahrscheinlich auf keine andere Weise
zur heutigen Form entwickeln können,
wenn nicht die höheren Lebewesen
sich aus den niederen zusammensetzen würden.

Es gibt eine biologische Hierarchie,
und es gibt eine psychologische Hierarchie.
Und nur aufgrund dieser Hierarchie ist die Spezialisierung möglich,
die wir aufgrund der Natur unserer Welt benötigen.

Die Natur unserer Welt ist so,
daß eine unübersehbar große Anzahl von Impulsen aller Arten
gleichzeitig
dieses Universum durchquert.

Zum Beispiel:
Eine Unzahl von Luftmolekülen prallt in diesem Moment
auf die Zellen deines Körpers auf,
prallt auch in diesem Moment auf die Zellen
deines Trommelfells auf.

Und das Trommelfell ist sehr empfindlich.
Es kann sein, daß das Rauschen in deinem Ohr,
das du jetzt hörst...
dadurch entsteht, daß pausenlos Luftmoleküle auf dein Trommelfell prallen.

Wenn jemand zu dir spricht,
prallen in einem sehr komplizierten Rhythmus
ebenfalls Luftmoleküle auf dein Trommelfell,
und es ist ein fast unvorstellbares Wunder,
daß aus diesem so zufällig wirkenden Rhythmus,
in dir so etwas entsteht wie
eine Information.

Ganz ähnlich ist es mit optischen Impulsen.
Die Welt, die dich umgibt,
bewirkt ein ständiges Bombardement

von Photonen in tausenderlei Rhythmen.
Und auch deine Haut ist diesem Rhythmus ausgesetzt.

Und es ist abermals ein Wunder,
daß dein Körper gelernt hat, diese Informationen
so zu interpretieren,
daß das Überleben gesichert ist.

Wohlgemerkt,
ich sage nicht, daß du irgend etwas von dem verstehst,
was auf dich einströmt,
daß du in irgendeiner Weise auch nur im geringsten das Wesen
der auf dich einströmenden Impulse
nachvollziehen oder verstehen kannst.

Ich sage:
Der Mensch hat gelernt,
– wie durch ein Wunder –,
im Laufe von Jahrmillionen,
diese Impulse so zu sortieren, so zu filtern und so zu interpretieren,
daß sein Überleben
gewährleistet ist.

Wenn man einen Menschen ungeschützt
den pausenlos auf ihn einströmenden Impulsen aussetzen würde,
müßte er vermutlich augenblicklich sterben,
denn die Zahl der Reize, die allein schon in diesem Moment,
jetzt und hier,
ganz zu schweigen von einem Kaufhaus oder im Straßenverkehr,
auf dich eindringt,
ist so groß,
daß dein Schwarm auseinanderfallen müßte,
augenblicklich in seine Atome und Moleküle zerlegt werden müßte.

So – es ist eine Fähigkeit des Lebens,
Informationen, Eindrücke, Wahrnehmungen
zu filtern.
Du wählst aus dem,
was auf dich einströmt,
nach bestimmten Kriterien aus,
und diese Kriterien wurden geschaffen
durch Vererbung,
nach den Gesetzen der Evolution,
und damit nach den Gesetzen des Überlebens.

Und diese Arbeit wäre überhaupt nicht zu leisten von einer einzelnen,
einheitlichen
Identität,
von einer Seele, wie viele Menschen sie sich vorstellen.

Es ist gut, daß du ein Schwarm bist.

Ein Schwarm von Vögeln kann keine herannahende Gefahr hören,
aber der einzelne Vogel kann die Gefahr hören.
Und wenn eine bestimmte Anzahl von Vögeln im Schwarm
diese Gefahr wahrnimmt,
oder wenn ein bestimmter Leitvogel sie wittert,
dann wird der Schwarm handeln.

So ähnlich funktioniert der Mensch:
Wenn du zum Beispiel einer schönen Musik lauschst
und total von dieser Musik erfüllt wirst,
und dein ganzer Körper im Rhythmus der Musik schwingt,
und plötzlich
wirst du von einer Biene gestochen,
dann verschwindet die Musik augenblicklich aus deinem Bewußtsein,
obwohl der Reiz der stechenden Biene
relativ klein ist
im Vergleich zum viel stärkeren Reiz der Musik,
die womöglich auf deinen ganzen Körper wirkt.

Aber es ist ein Uberlebensprinzip,
daß der Stich der Biene vordringlich wahrgenommen wird,
alle anderen Reize ausschließt.

Und es gibt eine Hierarchie der Reize:
Die Musik verschwindet aus deinem Bewußtsein,
wenn du gestochen wirst,
aber dieser Schmerz verschwindet ebenfalls,
wenn dein Haus brennt.

Das Leben hat im Laufe der Zeit entschieden, was
jeweils am wichtigsten ist
für dein Überleben.

Wenn du Schmerzen hast,
kannst du dir deines Körpers sehr stark bewußt sein,
aber wenn im Straßenverkehr plötzlich ein Auto auf dich zukommt,
dann ist dieser Schmerz vergessen,
nicht mehr zu spüren,
und dein Körper tut einen gewaltigen Sprung
und rettet sich.

Wenn du Menschen beobachtest,
den Alltagsmenschen, den Durchschnittsbürger,
dann wirst du feststellen, daß die Instanzen,
die jeweils sein Verhalten bestimmen,
ständig wechseln.
Es sind ständig andere Teile des Menschen an der Macht:
Wenn er zum Beispiel ißt,
dann sind gewisse Körperzellen die bestimmenden
Organe seines Handelns.
Und wenn er gegessen hat und seinen fetten Bauch,
seinen überfüllten Bauch fühlt,
dann werden andere Teile von ihm die Macht übernehmen
und schimpfen über jene, die so großen Appetit hatten.

Und er mag sich im Laufe des Tages in verschiedene Dinge
hineinsteigern,
für die ihn andere Teile seiner selbst
zu anderen Zeiten verachten mögen.

Wenn der Mensch nicht so zersplittert wäre, wie er es ist,
dann wäre es einfach nicht möglich, daß
skrupellose Industrielle,
Geschäftsleute,
Chemiker,
Biologen,
Militärs
diese Dinge tun,
die vielleicht ihr eigenes Leben und das aller Menschen
vergiften und eines Tages vielleicht beenden werden.
Es wäre einfach nicht möglich,
wenn der Mensch eine Einheit wäre,
wenn die »Linke wüßte, was die Rechte tut.«

Der Teil des Industriemanagers,
der hochgiftige Abfälle in den Fluß vor seiner Tür leitet,
weiß nichts von seinem anderen Ego,
dem liebenden Familienvater,
der am Sonntag jede kleinste Störung von seiner Familie
fernhält,
der alles tut, um seine Kinder gesund und wohlauf zu erhalten

Der karrieresüchtige Politiker, der lügt und betrügt,
weiß nichts von dem Vater und Ehemann, während er
Selbstmord begeht.

Der Bomberpilot weißt nichts von dem Verliebten,
der einen ins Wasser gefallenen Schmetterling
rettet und auf seinem Taschentuch trocknen läßt.

Solche Widersprüche sind nur möglich,
weil der Mensch keine Einheit ist.

So – das einzige, was du tun kannst,
ist die Bildung einer gemeinsamen Richtung,
eines gemeinsamen Impulses.

Letzten Endes ein physikalisches Prinzip,
denn ein sogenannter fester Gegenstand
ist ja auch nur zusammengesetzt aus winzigen Teilchen.

Wir haben in unserem Universum nirgendwo
große Entitäten, große Einheiten,
es scheint ein Naturgesetz zu sein, daß wir kleinste Einheiten haben,
und daß die größeren Wirkungen stets nur dadurch entstehen können, daß
sich kleinste Einheiten zusammenfügen zu etwas Größerem,
bewußt oder unbewußt.

Eine Sonne zum Beispiel,
ist nicht wirklich eine Einheit,
sondern nur eine Unmenge kleinster Teilchen,
die allerdings alle das gleiche tun.

Und du kannst die Kraft einer Sonne bekommen,
kannst zu einer Entität werden,
indem du den »Teilchen deines Schwarms« eine Richtung gibst.

Und Richtungen entstehen immer durch Fokussierung.
Du bist fokussiert auf eine Gefahr,
ein herannahendes Auto,
und plötzlich bekommt jede Zelle deines Körpers die gleiche Richtung,
und du springst.
Nach genau dem gleichen Prinzip kannst du dir eine Richtung geben,
um ein anderes Ziel zu erreichen, das vielleicht
höher ist, als das pure Überleben.

Wenn du untersuchst, wodurch Menschen Erfolg haben,
wie sie große Ziele verwirklichen,

dann wirst Du feststellen, daß sie einfach nur die Fähigkeit hatten,
all ihren »Teilchen« die gleiche Richtung zu geben,
alle ihre Zellen zu synchronisieren.

Der erfolglose Mensch ist in der Position eines Beobachters,
der in der Ferne ein schönes Schloß sieht,
und er sagt sich: »Dieses Schloß möchte ich besitzen,
dort möchte ich wohnen,
ach, wäre das schön, ein solches Schloß zu haben.«

Aber er kommt nicht einmal auf die Idee,
auch seine Füße und seine Beine in diesen Wunsch mit einzubeziehen,
er kommt nicht einmal auf die Idee,
überhaupt nur dort hinzugehen.
So – es ist kein Wunder, daß die Wünsche
Wünsche bleiben,
und sich wieder verflüchtigen.

Und sowie das Schloß nicht mehr zu sehen ist,
fällt der Blick auf etwas anderes,
ein Auto,
ein Bild,
ein Baum,
ein Kind, eine Frau,
aber der Mensch versäumt es, auch die anderen Teile seiner selbst
einzubeziehen,
allen Teilen seiner selbst den Wunsch schmackhaft zu machen.

Erfolgreiche Menschen ordnen alles, aber auch alles ihrem Ziel unter.
Und plötzlich ist ihr Körper zu unglaublichen Leistungen fähig,
ihr Verstand wird nur für dieses Ziel eingesetzt,
ihre gesamte Wahrnehmung beschäftigt sich nur noch selektiv mit allem,
was dem Erreichen des Zieles dienlich ist.

Solche Menschen haben alle Teile ihrer selbst total synchronisiert,
und natürlich sind sie einseitig und müssen alles andere ignorieren.
Sie sind verloren für einen Plausch
über Gott und die Welt in irgendeinem Café.
Du wirst solche Menschen niemals in einem Café treffen,
es sei denn, sie haben sich aus einem bestimmten Grund dorthin begeben.

Große Maler, große Schriftsteller,
Musiker, Politiker sind oft erstaunlich uninformiert
über alle Richtungen,
die nichts mit ihren Zielen zu tun haben.

Sehr erfolgreiche Menschen kann man nicht treffen
dort, wo die Masse sich unterhalten läßt,
nicht einmal zu Hause vor dem Fernseher.
Solche Menschen haben gar keine Zeit zum Fernsehen.

Ich sage nicht, daß du so werden mußt,
ich versuche nur, dir die Gesetze zu vermitteln.

Wenn du davon ausgehst,
daß du eine Ansammlung bist, eine Masse von Seelen,
eine Masse von Zellen,
hierarchisch aufgebaut, organisiert,
ein ökologisches System aus Lebewesen,
die symbiotisch zusammenleben,
dann wird dir augenblicklich die gesamte Problematik des Menschen klar.

Warum ist es zum Beispiel schwierig,
von heute auf morgen etwas zu lernen?
Du kannst das Prinzip einer Sache sofort verstehen,
und dennoch brauchst du viel Zeit,
bis du es wirklich tun kannst.
Ob du Autofahren lernst,
oder Schach spielen,

es braucht Zeit, das theoretische Wissen zu integrieren,
und die Integration von Wissen ist die Integration
von Fähigkeiten in den Körper hinein,
in die Hände, in die Gehirnzellen.

Du kannst nicht von heute auf morgen lernen Klavier zu spielen
sondern du bringst mit viel Mühe und Übung die Zellen deines Körpers dazu,
sich zu koordinieren,
und dies muß eingeübt werden.
Wenn du lernst, Klavier zu spielen,
so ist das für deine Zellen nichts anderes,
als die Einstudierung einer Oper in einem großen Theater.
Deine Hände, die Zellen deiner Hände im Zusammenspiel mit den Nerven,
im Zusammenspiel mit den Sehnen und den Muskeln und den Knochen,
sind ein Ballett,
und es gibt die Beleuchter,
und es gibt einen Inspizienten,
der den rechtzeitigen Auftritt überwacht,
und es gibt ein Orchester
und es gibt einen Dirigenten . . .
und all dies muß genauestens aufeinander abgestimmt werden –
es braucht Wochen und Monate, um eine Oper einzustudieren.

So – was du tust, wenn du eine neue Fähigkeit erwirbst,
ist das Einstudieren kompliziertester Handlungsabläufe
vieler verschiedenster Einzelwesen.
Und genauso ist es mit geistigen Fähigkeiten,
Programmieren lernen zum Beispiel ist ein Ballett der Gehirnzellen.

Aus dieser neuen Modellvorstellung vom Menschen
kannst du folgendes lernen:

Es hat keinen Sinn, etwas beginnen zu wollen,
wozu du nicht innerlich bereit bist,

wozu deine Zellen nicht bereit sind.
Um bei dem Vergleich mit der Einstudierung der Oper zu bleiben:
Warum sollte eine beliebige Ansammlung von Menschen
plötzlich eine Oper einstudieren?
Menschen, die weder spielen noch singen wollen.
Menschen, die auf diesen Regisseur nicht hören wollen,
die diesen Regisseur vielleicht gar nicht kennen.

Stell dir vor, du stehst auf einem großen Platz
und nimmst ein Megaphon,
und willst Menschen rekrutieren für eine Oper.
Du rufst und schreist und gestikulierst,
aber man wird dich höchstens für verrückt halten.

Aber das ist es, was Menschen tun,
wenn sie sich durch Suggestionen zu etwas bringen wollen,
was nur der Kopf will, ihr Körper aber nicht:
Sie sind wie die Passanten,
die vorbeieilen, alle haben sie etwas anderes zu tun,
sie wollen dir überhaupt nicht zuhören.
So – du wirst nach langer Mühe auf diesem Platz
höchstens ein Paar verrückte Typen aufgegabelt haben,
und die Oper, die dann daraus ensteht, kannst du dir leicht vorstellen.
Das ist es, was bei vielen Menschen geschehen ist:
Sie haben sich einen »Floh ins Ohr« setzen lassen,
und dann wenden sie eine unglaubliche Kraft auf für etwas,
das keiner will und für das sie nicht geschaffen sind.

Wenn du dich zu etwas zwingen willst,
wozu deine Zellen keine Lust haben,
reibst du dich innerlich auf,
du verschwendest deine Kraft.

Und eine Oper, die unter Zwang gesungen und gespielt wird?
Kein Wunder, daß viele Menschen und ihre Werke so dissonant,
so unkünstlich und verkrampft wirken.

Aber natürlich kann man drohen,
man kann sogar Militär aufmarschieren lassen,
man kann Opern unter Zwang einstudieren.
Aber dann mußt du immer damit rechnen,
daß die Zellen bei erster Gelegenheit rebellieren,
daß sie immer bereit sind, zu flüchten,
du mußt jederzeit mit einem Putsch rechnen.

Krankheiten sind Putschversuche.

Wer seinen Zellen unter Zwang eine Arbeit zumutet,
muß mit Krankheit rechnen.

Wer seinen Zellen befiehlt,
mit einem bestimmten Menschen zusammenzusein,
oder an einem bestimmten ungeliebten Ort zu verweilen,
in einer bestimmten Gegend zu wohnen,
muß mit Krankheit rechnen.
Krankheit ist die Rebellion der Zellen gegen einen diktatorischen Regisseur.

Natürlich wirst du sagen:
»Man kann doch nicht immer nur tun, was man möchte!«
Das mag sein, aber auf jeden Fall mußt du die Konsequenzen tragen.
Und du siehst ja, welche Konsequenzen die Menschheit trägt

Ich sage:
»Man kann alles, wenn man will.«
Diese Freiheit hat Gott uns gegeben.
Aber die meisten Menschen scheuen sich, es auch nur zu versuchen.

Und natürlich kann man Tricks anwenden:
zum Beispiel Belohnungen.
Wenn du auf dem Marktplatz Menschen rekrutierst und
du versprichst eine attraktive Belohnung,
dann sieht die Sache schon anders aus.

Selbstsuggestion ist nichts anderes, als die Beeinflussung der Massenseele,
ist nichts anderes, als die Verführung der Zellen,
zu einer Tätigkeit,
zu einer Handlung.
Und du kannst zwar alle Tricks der Massenbeeinflussung benutzen,
aber du mußt dir auch überlegen, welche Folgen das hat.

Und wäre es nicht am besten, auf dem großen Platz etwas anzubieten,
was deine Zellen auch wollen?
Wenn du ihre Bedürfnisse triffst,
ihre geheimsten Wünsche erkennst,
ihre Vorlieben,
hast du leichtes Spiel.
Dann kannst du dich vor Angeboten nicht retten.
Und die Zellen mancher Menschen wollen wirkliche Opern spielen,
wollen singen.
Aber *sie* müssen es wollen, nicht nur dein Kopf.

Massen sind leicht zu beeinflussen mit Bildern.
Wenn du es schaffst,
wie man es in der Werbung tut,
eingängige, archetypische Bilder zu benutzen,
Bilder, die Lust und Appetit machen,
verlockende Bilder, die deine innersten geheimsten Bedürfnisse treffen,
hast du schon gewonnen.

Es ist interessant, daß die Werbung,
daß Volksverführer und Demagogen,
Zeitungen und Illustrierte
die Seelen der Massen so gut beeinflussen können;
– sie haben die Bedürfnisse der Einzelseele studiert –,
daß aber der einzelne Mensch so wenig
über die Bedürfnisse seiner Zellen weiß.

Die positive Beeinflussung der Zellen
funktioniert am besten in Trance:
Man stellt sich vor, daß die Zellen versammelt sind
und man hält eine Rede.
Und bei dieser Rede sind alle Tricks erlaubt,
die man aus der Demagogie kennt,
aus der Massenhypnose,
denn du bist es ja selbst, der beeinflußt werden soll.
Die hundertprozentige Wirkung bestimmter Trancephänomene
beruht auf dem Effekt der Massensuggestion,
die Zuhörer einer solchen Rede können wissen,
daß es ein Trick ist, er funktioniert trotzdem.
Selbst wenn ich dir sage, daß ich dich jetzt gleich beeinflussen werde,
daß es nur eine Demonstration ist,
und ich beschreibe dir eine leckeres Essen –
du wirst Schwierigkeiten haben, es dir nicht vorzustellen.
Selbst wenn ich sage, du sollst dir das Essen nicht vorstellen
der Trick wirkt trotzdem.

Wenn du dir selber intenstiv etwas Verlockendes beschreibst
etwas, was du gerne tun würdest,
dann werden deine Zellen innerhalb kürzester Zeit dafür sorgen,
daß es verwirklicht wird.

Zu deiner eigenen Überraschung ertappst du dich dabei,
wie du es tust.

Wenn ich manchmal zu einer Gruppe von Menschen spreche
und ich beginne gegen Mittag vom Essen zu sprechen,
dann fangen überall die Mägen an zu knurren,
sogar mein eigener Magen knurrt,
ob ich es will oder nicht.
Manchen ist es peinlich, aber sie können nichts dagegen tun

Dein eigener Körper ist wie eine Menschenmenge,
wenn du ihren Geschmack triffst,

tut sie alles, was du willst,
ohne jede ersichtliche Mühe.

So – das ist das ganze Geheimnis von Hypnose, von Suggestion, von Trance.
Mehr ist es nicht.
Und dies ist überhaupt das Geheimnis,
zur Lösung mancher Probleme.

Ein Einzeller, zum Beispiel ein Pantoffeltierchen,
hat keine Probleme, etwas Bestimmtes zu tun.
Ob es sinnvoll oder sinnlos ist,
ganz gleich, was die Folgen sind,
es gibt keinen Zweifel im Pantoffeltierchen,
es ist eine, wenn auch winzige Einheit,
alle Moleküle dieses Einzellers »ziehen am gleichen Strang«.

Ganz anders die Zellen des Menschen:
ein Teil möchte dies, ein Teil möchte das.
Der Preis fürs Menschsein liegt in der Arbeitsteilung vieler Zellen.
Der Mensch ist ein so komplexes Gebilde,
daß nur ganz selten jemand geboren wird,
der so konsequent einseitig lebt,
wie ein Pantoffeltierchen.
Es gibt Menschen, die nur Schach spielen wollen,
oder Musik machen,
oder Tennis spielen.
Ich weiß nicht, wie sich solche Menschen fühlen,
ich hoffe – nicht wie Pantoffeltierchen.

Aber der Normalfall ist,
daß man sich erst ausrichten muß,
daß man viele Richtungen probiert,
daß man erst zu einer Einheit werden muß.
Dies ist das Besondere am Menschen,
in der Vielheit liegt auch seine Vielseitigkeit.

Und im Alltag kann es passieren,
daß die Beine schlafen wollen,
die Lunge will atmen, sie will ins Grüne, in die Natur,
dein Kopf sagt: »Ich muß arbeiten«,
und die Hände sagen: »Wir müssen mit etwas spielen,
mit der Zigarettenpackung, mit dem Feuerzeug,
mit dem Filter, mit der Asche...«
Kennst du Raucher, die sich eine Zigarette anstecken,
ohne es zu merken?
Die alte Zigarette brennt noch im Aschenbecher
aber die Händen brauchen etwas zum Fummeln.

Es gibt Tausende von Impulsen in dir,
die dich in verschiedene Richtungen ziehen,
in gegensätzliche Richtungen.

Du weißt, du solltest nichts mehr essen,
dein Bauch ist voll,
aber du gehst zum Kühlschrank,
du stehst plötzlich auf und wäschst dir die Hände,
du trinkst plötzlich einen Whisky,
obwohl der Arzt es verboten hat...

Wirklich Mensch zu werden, heißt:
das gesamte System zu koordinieren.
Ich sage nicht, daß du eine Richtung wählen mußt,
aber du kannst zum Beispiel zu bestimmten Zeiten
bestimmte Richtungen einhalten.
Du kannst dafür sorgen,
daß eine Richtung der anderen nicht widerspricht,
daß die eine Richtung nicht kaputtmacht, was die andere aufgebaut hat.

Es gibt Menschen, die sich widersprechende Richtungen in sich haben,
und wo die beiden Richtungen gar nichts voneinander wissen,
ein solcher Mensch mag zu bestimmten Zeiten seinen Partner sehr lieben,
und steht plötzlich fassungslos vor der Tatsache,

daß er am Abend vorher betrunken nach Hause kam
und diesen Partner verprügelt hat.

Alkohol fördert die Tendenz, eine andere Seite zum Vorschein zu bringen.

Wenn ein Mensch seine verschiedenen Teile nicht kennt,
wenn er womöglich einen Teil gewaltsam unterdrückt,
dann kann Unglaubliches passieren,
und diese Menschen stehen vor Gericht
und sagen: »Das soll ich gewesen sein, der das getan hat?«
So etwas scheint nur dem unwahrscheinlich,
der sich selbst nicht studiert hat.

Ich habe oft beobachtet:
Wenn Menschen aus ihrer gewohnten Umgebung herausgehen,
werden sie plötzlich zu jemand anderem,
man erkennt sie kaum wieder.
Im Positiven wie im Negativen.
Menschen führen Doppelleben, »Mehrfachleben«.

Und alle diese Phänomene sind nun nicht mehr unerklärlich.

So – wenn du eine Einheit werden möchtest,
– und dir dabei zu helfen, ist im Grunde das Ziel aller Religionen,
aller spirituellen Übungen,
aller Lehren –,
und wenn du Trancetechniken und Suggestionen benutzen willst,
berücksichtige, mit wem du es zu tun hast,
wen du hypnotisieren willst:
Es sind deine Zellen.

Man sagt: »Ich gebe mir selbst eine Suggestion«,
aber eigentlich sollte man sagen:
»Ich bin eine übergeordnete Instanz, der Kopf,
und ich möchte der Gott sein, der Regisseur,
und ich gebe den untergeordneten Instanzen,
den Zellen, Organen, dem Körper Anweisungen.«

Sei Gott, sei Regisseur
und überzeuge deine Untertanen.
Und überzeuge sie mit eingängigen Bildern,
überzeuge sie mit Belohnungen,
überzeuge sie mit Liebe.
Überzeuge sie mit Lustgefühlen,
denn alle Zellen wollen Lustgefühle,
und deine Zellen wollen *sofort* Lustgefühle.
Die Zellen haben keinen Grund, Mathematik zu lernen,
Chemie zu lernen,
sie haben überhaupt keinen Grund, etwas zu lernen,
denn was sie können müssen, beherrschen sie bereits.
Manche Zellen stellen Insulin her, andere produzieren Hormone...
sie beherrschen ihre Chemie seit Jahrmillionen.

Aber wenn du ihnen als Belohnung fürs Lernen größere Lust versprichst,
die Lust der Freiheit... fürs Autofahren lernen,
die Lust an der schönen Musik... fürs Klavierlernen,
die Lust der Gehirnzellen, mit Gleichungen und Formeln zu jonglieren,
kannst du sie vielleicht dazu bringen,
daß sie sich die Mühe machen.
Aber es muß dann auch wirklich eine Lust für die Zellen sein
sie müssen das mögen, was sie später beherrschen werden.
Wenn du dich mit Dingen beschäftigst,
die später keine Lust erzeugen werden, wenn du die Sache ausübst,
dann hast du die Zellen betrogen.

Und es ist wichtig, daß der ganze Körper beteiligt ist.
Manche Menschen verspüren Lust nur in bestimmten Teilen des Körpers,
und die anderen Teile leiden.
Es kann sein, daß zwar deine Hände und dein Kopf und deine Ohren es lieben, Klavier zu spielen,

daß du aber die Zellen deines Rückens, der Lendenwirbelsäule leiden läßt.
Und die Teile, die leiden, können dir die ganze Sache vermiesen.

So – du mußt einen Weg finden, auch diese Zellen zu integrieren.

Besonders bei geistigen Tätigkeiten mußt du deine Körperzellen berücksichtigen.
Die Beschäftigung mit Philsophie, Psychologie, Mathematik
kann den Gehirnzellen Lust bereiten,
aber der ganze übrige Körper
kann irgendwann rebellieren,
weil er benutzt wird,
weil er mißbraucht wird, um zu lesen, Bücher zu tragen, zu schreiben,
am Computer zu sitzen.

Aber es gibt immer einen Weg,
den Körper mit angenehmen Gefühlen zu belohnen.

Viele Menschen tun das auch, aber mit den falschen Mitteln.
Sie stopfen beispielsweise Nahrung in sich hinein,
und das funktioniert, der Körper ist zufrieden für einige Zeit.
Die Zellen sind beschäftigt . . .
aber dann melden sie sich nach einiger Zeit wieder
und wollen Nachschub, wollen mehr Lust.
Andere trinken Alkohol,
manche rauchen,
nehmen Tabletten,
dies sind alles Dinge, die die rebellierenden Zellen beruhigen,
befriedigen oder betäuben sollen.

Aber die Zellen reagieren genau wie Menschen, die man abspeist:
Sie verlangen dauernd Nachschub,
oder sie machen Unsinn,
oder sie werden Terroristen.
Wir behandeln die Zellen unseres Körpers wie die Indianer,

wir kämpfen gegen sie,
stopfen sie in Reservate,
versuchen, sie mit Alkohol und Sozialhilfe ruhigzustellen.

Aber die Zellen wollen lustvoll leben,
wollen sich lustvoll betätigen,
wollen Bewegung, Streicheln, Massage, Sport, Natur.

Wenn du »Gesundheitsprobleme« oder »Depressionen« hast,
wenn du dich unausgefüllt fühlst, unbefriedigt,
kein Grund, sich zu beklagen,
kein Grund, Therapie zu machen.
Gib statt dessen den Zellen, was sie brauchen.
Therapie ist nur ein neuer Versuch, nicht zu tun, was du tun mußt.

Therapie ist nur eine Entschuldigung,
seine Lebensweise nicht zu ändern.
Aber Therapie funktioniert nicht,
wenn der eigentliche Grund deiner Probleme
in deiner Lebensweise zu suchen ist.

Menschen haben Schlafprobleme,
und wissen, daß eine Stunde Spazierengehen das Problem lösen würde.
Aber sie haben keine Zeit und so nehmen sie Tabletten.
Und dies setzt natürlich einen Teufelskreis in Bewegung.
Und die Klügeren wissen, daß Tabletten schädlich sind
und kommen zu mir und wollen Suggestionen oder Hypnose.

Aber ich fühle ihre Zellen, und die Zellen rufen mir zu:
»Bewegung, Waldlauf, Schwimmen, Luft, Natur ist, was wir brauchen.«
Soll ich die Zellen dann in Schlaf wiegen
und ihnen Schnuller in den Mund stopfen?
Ich kann das, jeder Hypnosetherapeut kann es,
aber ich möchte mich nicht schuldig machen,
ein Mensch, mit dem ich eine solche »Therapie« mache, rächt sich irgendwann.

So – ich sage die Wahrheit:
»Du mußt dich nach deinen Zellen richten, sonst verlierst du am Ende.

Behandle deine Zellen wie Lebewesen.
Verbünde dich mit ihnen,
höre dir ihre Wünsche und Sorgen an,
gib ihnen, was sie brauchen.

Streichle sie,
bedanke dich bei ihnen,
sprich zu ihnen,
erfühle ihre Bedürfnisse,
erfülle ihre Bedürnisse.

Wenn du Gewohnheiten hast, die gegen deine Zellen sind,
kannst du mit Suggestion viel erreichen,
wenn du dir etwas suggerierst, was die Zellen auch wollen.

Zum Beispiel mehr Bewegung, mehr Atmen,
mehr den Bedürfnissen des Körpers folgen,
das rennt offene Türen ein.
Dein Körper wird dich unterstützen,
wird dich erinnern: Zeit für einen Spaziergang!
Und anschließend holt er ›verlorene Zeit‹ gerne auf.«

Auf solche Suggestionen warten deine Zellen.
Sie sind es wahrscheinlich,
die dir solche Suggestionen überhaupt erst eingeben.

Es ist, als ob einige Schauspieler während der Probenarbeit zu dir kommen
und sagen: »Wir brauchen eine Pause.«
Und der Regisseur ruft »Pause!«
Und diese Anweisung wird augenblicklich befolgt,
keine Anweisung wird so schnell befolgt, wenn es Zeit für eine Pause ist.
Alle werden dieser Suggestion folgen,
weil dies der unbewußte gemeinsame Wunsch der Schauspieler war,

und genauso reagieren die Zellen.
Finde deine unbewußten Wünsche heraus,
und alles geschieht sofort.

Die Zellen können nicht formulieren,
sie können den Körper nicht motivieren,
sie können den anderen Zellen keine Anweisungen geben,
so – sie brauchen dich, wie die Schauspieler den Regisseur.

Jeder Impuls, aus welchem Teil deines Körpers auch immer
so klein er auch immer ist,
ist ein Zupfen eines Schauspielers am Ärmel des Regisseurs
Sei wachsam und achte auf diese Impulse.

Achte auf die Stimmung deiner Leute.
Sie können dir nichts befehlen,
aber sie können dich behindern,
sie können passiven Widerstand leisten,
sie können intrigieren,
sie können sich tot stellen,
sie können krank werden.
Und wenn der Regisseur versucht, Gewalt anzuwenden,
muß er verlieren.
Dann steht er irgendwann allein auf der Bühne,
und die Schauspieler verabschieden sich für immer.

Aber denk daran, was sie eigentlich wollen,
ist Leben,
ist Genießen,
ist Freude,
ist Liebe.

Du hast die Macht,
benutze sie für deine Zellen,
für deinen Körper,
für dich.

Denn das bist du.

Die unwiderstehliche Kraft indirekter Methoden

Die Suggestionsmethoden, die berücksichtigen, daß die Seele oder das Unterbewußtsein keine Person ist, daß wir es also nicht mit einem einzelnen Gegenüber zu tun haben, sondern mit einem »Schwarm«, mit einer Menge von Wesenheiten, funktionieren auf jeden Fall und unter allen Umständen. Wenn man einem einzelnen Menschen den Vorschlag macht, eine Pause einzulegen, so wird dieser vielleicht darüber nachdenken und mit Ihnen diskutieren; je größer aber die Anzahl der Menschen ist, um so sicherer ist es, daß sie sofort auf Ihren Vorschlag eingehen, Sie müssen nur in etwa die jeweilige Stimmung in der Gruppe treffen.

Nun ist es auch nicht mehr erstaunlich, daß Selbstsuggestion und Fremdsuggestion gleichermaßen wirken, obwohl man doch hätte denken können, daß ein Klient beispielsweise zu einem Arzt mehr Vertrauen hat, so daß dessen Suggestionen vielleicht besser funktionieren. Aber die Masse der Zellen hat gar nicht das nötige kritische Unterscheidungsvermögen, um zu wissen, von wem eine Suggestion kommt. Eine große Menschenmasse nimmt begierig jede Anregung auf, die einigermaßen in ihr Raster paßt. Ob nun ein Redner, ein Plakat, eine Radiostimme oder ein Mensch aus der Masse den Anstoß gibt.

Manche Menschen halten Selbstsuggestion für »Selbstüberlistung«, die nicht mehr wirkt, sowie der »andere« die List durchschaut. Da es aber keinen »anderen« gibt, sondern nur eine unvorstellbar große Masse von »Zellenseelen«, handelt es sich plötzlich um eine unwiderstehliche »Massenhypnose« oder »Massenbeeinflußung«, ganz ähnlich, wie wir sie aus der Natur kennen, wenn eine Büffelherde eine Stampede macht oder beim Schwärmen der Insekten.

Auch bei Tieren gilt, daß man nichts hervorrufen kann, was nicht der Natur der Masse entspricht, auch da gilt, daß die Kraft der Masse durch fast nichts gebremst werden kann, wenn sie einmal entfesselt ist. Und denken Sie daran: Die Zellen, aus denen Sie zusammengesetzt sind, sind eben einzellige Tiere.

Überlegen Sie also sorgfältig, was Sie sich mit den folgenden Methoden suggerieren wollen, und ob Sie es sich wirklich so sehr wünschen – denn es wird eintreten. Und zwar mit unwiderstehlicher Kraft. (Sofern Sie nichts wünschen, was Ihrer Natur widerspricht.)

Implikation: Ein toller Trick

Implikation heißt, daß ich das Erwünschte wie selbstverständlich in meine Aussage einbeziehe, so, als ob es auf jeden Fall und sowieso eintreten muß. Zum Beispiel: »Während ich mich mehr und mehr fallenlasse, spüre ich die Schwere meiner Hände.« Mit einer solchen Suggestion lenke ich die Aufmerksamkeit auf die Schwere der Hände und setze das Fallenlassen wie selbstverständlich voraus. Ich *impliziere* es. Wir können mit solchen Implikationen viel erreichen, weil unser Verstand abgelenkt wird, und das Unterbewußtsein währenddessen ungestört unsere »Vorschläge« entgegennehmen kann. Man kann Implikationen sehr geschickt verstecken – ich habe beispielsweise einmal eine kleine Gruppe von Menschen gefragt, ob sie einen Friseur wüßten, der auch montags offen habe. Während sich die Leute hierüber Gedanken machten, hatte ihr Unterbewußtsein die Information aufgenommen, daß heute Montag sein müsse, da ja sonst die Frage sich nicht stellen würde. Alle dachten nun, es sei Montag, obwohl wir Dienstag hatten. Als wir hinterher darüber sprachen, meinten einige, es sei ein komisches Gefühl gewesen, plötzlich anzunehmen, es sei Montag, obwohl man »im Hinterkopf« ja wußte, daß wir Dienstag haben.

Hier noch einige Beispiele für die Verwendung der Implikation:

In der Entspannung kann man Kraft schöpfen …

(Impliziert die Entspannung.)
Stell dir vor, du nimmst ein Bad in der Quelle der Gesundheit... (Impliziert Gesundheit.)
Sobald dein Unterbewußtsein die Lösung gefunden hat, erlaubt es deinem Körper, sich noch mehr zu entspannen...
(Impliziert das Finden einer Lösung.)

Ich habe schon angedeutet, daß einige Autoren meinen, man müsse Suggestionen in die Gegenwart legen. Ich habe aber die besten Erfahrungen gemacht, wenn ich die erwünschten Dinge für die Zukunft ankündige: »Bald wird mein Kopf leicht und frei sein.«

Man muß dem Unterbewußtsein schließlich eine angemessene Zeit lassen, um die Anweisung auszuführen. Hierfür bieten sich Zeitangaben an, die genügend Spielraum lassen, eine Anweisung sehr schnell, aber auch langsamer auszuführen. Wenn Sie sich suggerieren, daß Ihre Kopfschmerzen in genau zehn Minuten verschwunden sein werden, dann kann es sein, daß ein Teil von Ihnen pingelig »auf die Uhr schaut« und nur darauf wartet, daß es nicht funktioniert. Wenn Sie aber Worte wie »bald« benutzen, dann ist dieses Spielchen nicht mehr möglich.

Gute Formulierungen sind:
»Früher oder später...«
»Sobald dein Körper bereit ist, wird er...«
»Mein Unterbewußtsein nimmt sich genau die Zeit, die es braucht, um...«
»Sowie es für mich richtig und wichtig ist, werde ich...«
»Wahrscheinlich werde ich...«

Man muß sich Suggestionen überhaupt nicht in der Form geben: »Ich...«, oder »Du...«. Man kann auch einfach sagen: »Man fühlt sich wohler und wohler, wenn man jeden Tag eine halbe Stunde spazierengeht.« Das Unterbewußtsein stellt sich dies auf jeden Fall vor, wenn es ausgesprochen wird, und es kann sein, daß sehr bald der Wunsch nach einem Spaziergang entsteht.

Wenn Ihr Unterbewußtsein/Körper/Massenseele auch nur die kleinste Attraktion in Ihrem Wunsch entdecken kann, wird es sich darauf stürzen, und zwar um so eher, je beiläufiger Sie die Suggestion geben. Wenn Sie kleine Kinder haben, und Sie hantieren ganz unschuldig mit Bonbons oder Pralinen, rascheln ein bißchen mit Silberpapier und legen die Schachtel dann womöglich auf den Schrank – die dadurch ausgelöste Faszination kann viel stärker sein, als wenn Sie ganz direkt ein Bonbon anbieten. Meine kleine Pflegetochter Jessica konnte man mit dem Rascheln von Bonbonpapier aus tiefem Schlaf wecken! So – stellen Sie die positiven Wünsche aus, wie in einem Schaufenster, überlassen Sie es dem Unterbewußtsein/Kind in Ihnen, sich an der Scheibe die Nase plattzudrücken.

»Schilder«, wie »Du sollst ..., willst ..., mußt kaufen« sind überflüssig (solange das Ausgestellte attraktiv genug ist – und etwas für Sie Unattraktives werden Sie sich doch wohl nicht wünschen).

Formulieren Sie allgemein, beschreiben Sie einfach, was man tun kann:

»Wenn man in Trance geht, kann man sich entspannen ...«

»Wenn man Erfolg hat, kann man sich freuen ...«

»Sobald der Körper sich leicht und frei fühlt, kann man der Phantasie freien Lauf lassen ...« usw.

Solche Suggestionen sind Anregungen für Ihr Unterbewußtsein, kreativ zu werden und sich diese Dinge vorzustellen. Und während es sich diese Dinge vorstellt, ist es schon dabei, sie zu verwirklichen.

In einer meiner beliebtesten Tranceinduktionen beschreibe ich einfach, wie eine Katze sich entspannt, und ehe man sich versieht, vollzieht man das Ganze nach – und entspannt sich selbst, während man zuhört.

Hierauf beruht auch das von mir entdeckte BIOPROGRAMMING, auf das ich später noch eingehen werde.

Bevor ich zusammen mit Ihnen einen Schritt weiter gehen möchte, folgen einige Trancetexte für alle möglichen Probleme und Bedürfnisse, die auch sehr viele indirekte Suggestionen benutzen. Erproben Sie die Texte, erforschen Sie sie, finden Sie heraus, worauf ihre Wirkung beruht und lernen Sie die »Tricks«.

Wünsche werden wahr

Wünsche sind Vorstellungen.
Vorstellungen verwirklichen sich.
Starke Vorstellungen verwirklichen sich schneller.
Ein Naturgesetz.

Alles, was Menschen jemals geschaffen haben,
hat in ihrer Vorstellung existiert.
Ein Naturgesetz.

Denn auch das, was in der Natur geschaffen wird,
existiert vorher
als Vorstellung.

Man könnte sagen,
ein Samen enthält das Bild des Baumes.
So, wie jede Zelle deines Körpers
ein Bild von dir enthält.

Irgendwann kann man die Gene so analysieren,
daß man einen Menschen aufgrund seiner Zellstruktur
vollständig beschreiben kann.
Vorstellungen sind gewissermaßen geistige Chromosomen,
sehen vielleicht ganz ähnlich aus, wie Chromosomen,
wer weiß,
auf jeden Fall sind sie der Same.

Und du brauchst nur zu schauen, wie die Natur es macht
Denn du bist zu 99,99 Prozent Natur.
Wenn diese kleinen Lebewesen, aus denen du bestehst,
einmal nicht mehr sind,
bleibt nichts übrig von dem, was du einmal warst.

Es mag sein, daß dein Bewußtsein bleibt,
aber es hat kein Gewicht
und keine hörbare Sprache
und keine Hände und Füße.

Das Leben auf dieser Welt ist physisch,
und auf dieser Welt gelten die physikalischen Gesetze.

Die Mathematik, die man in der Schule lernt,
ein Apfel plus zwei Äpfel gleich drei Äpfel,
gilt nicht im physischen Universum.

Pflanze einen Apfel in die Erde,
und warte.

Laß es regnen,
laß die Sonne scheinen.
Und nach einiger Zeit hast du einen Apfelbaum,
viele Äpfel,
so – das mathematische Gesetz der Natur lautet:
ein Apfel gleich tausend Äpfel gleich zehntausend Äpfel
gleich Millionen Äpfel . . .,
wenn die Bedingungen stimmen
und du Geduld hast.
Und ganz genauso arbeiten die geistigen Gesetze
der Vorstellungskraft,
der Kreatitivität . . .,
denn es sind in Wirklichkeit physikalische Gesetze.

Dieses Haus ist entstanden,
weil ein Mensch Vorstellungen hatte,
und die Bedingungen stimmten.
Seine Ideen wurden stärker und stärker,

und haben sich zu Zeichnungen verdichtet, zu Blaupausen, zu Modellen,
Modelle sind Vorstellungen, Zeichnungen sind Vorstellungen!
Obwohl das Haus, in dem du jetzt bist,
einmal nur aus Bleistiftstrichen bestand,
obwohl dieses Haus vielleicht nur als Papiermodell existierte,
als Kinderspielzeug,
ist es jetzt harte physische Realität geworden.

Es hat eine Weile gedauert, vielleicht Jahre,
der Same mußte aufgehen
und reifen,
aber dieses Haus ist Wirklichkeit geworden,
es wuchs wie ein Baum.

Das Geld war der Regen,
Steine und der Stahl lieferten die Mineralstoffe,
Elektrizität war die Sonne.
Und es hat eine Menge Energie gekostet,
so viele Menschen haben daran gearbeitet,
Maurer, Zimmmerleute, Baggerführer, Elektriker...
Und was hat diese Menschen zusammengeführt,
was hat ihre Arbeit möglich gemacht?
Die Vorstellungskraft des Architekten,
in Gestalt der Bauzeichnungen, der Pläne, der Anweisungen.

Und genauso macht es der Apfelbaum:
die Bienen tragen ihr Teil bei,
indem sie die Blüten befruchten,
die Zellen des Baumes folgen einem bestimmten Plan,
indem sie sich in unterschiedlichen Mustern zusammensetzen,
die Früchte reifen genau nach den uralten Blaupausen in den Genen der Zellen,
die Mineralstoffe werden an bestimmten Stellen eingelagert,
und nur deshalb entsteht der Baum als physische Wirklichkeit.

Und – genauso können deine Vorstellungen
sich entwickeln
und Wirklichkeit werden,

wenn du dafür sorgst, daß der Boden fruchtbar bleibt,
die Sonne scheint,
wenn du Geduld hast,
die Jahreszeiten vorüberziehen läßt...
Es gibt Zeiten, in denen der Baum sich ausruht,
und es gibt Zeiten der Aktivität...

Wenn du die Vorstellungen pflegst und hegst,
von der Sonne geistiger Energie bescheinen läßt,
sie wachsen läßt,
ihnen Ruhe gibst, wenn sie Ruhe brauchen,
und all deine Energie gibst, wenn sie Aktivität brauchen,
dann wird der Baum deiner Vorstellungen wachsen und reiche Früchte tragen.

Und Früchte haben die Eigenschaft, daß nicht nur
der Baum befriedigt ist, wenn sie reif sind,
sondern noch viel mehr
deine Umgebung.
Du wirst zu einem Zentrum,
das Nahrung und Kraft gibt,
Menschen werden sich unter dir versammeln,
viele können sich an dir nähren,
viele können deine Ideen weitertragen.

So – alles, was du dir an positiven Dingen vorstellst,
ist nicht nur für dich allein gedacht,
es ist auch für deine Umgebung,
für die Menschen und auch für
die Gegenstände sogar –
auch Gegenstände haben ein gewisses Eigenleben,
sie fühlen sich wohl bei manchen Menschen,
so mancher Gegenstand scheint Beinchen zu haben und wegzulaufen
vor gewissen Leuten,
verschwindet plötzlich, wird nie wieder gesehen,
obwohl das eigentlich unmöglich ist.
Solche Gegenstände passen nicht zu dir,

oder du hast sie nicht gut behandelt.
Ein Mensch, der positiv ist, hat eine positive Ausstrahlung,
die sich auf alles überträgt in seiner Umgebung.
Ein solcher Mensch zieht auch positive Gegenstände an.

Du kannst in eine Wohnung kommen,
in eine fremde Wohnung,
ohne den Menschen zu treffen, der diese Wohnung bewohnt,
und du bekommst ein Gefühl für diesen Menschen,
irgendwie überträgt sich die Aura dieses Menschen,
die Gedanken dieses Menschen
auf die Wohnung.
So – wir sind nicht allein mit unseren Schwingungen,
sondern
diese Welt scheint durchzogen von Feldern der Energie,
und jeder Mensch, jedes Tier, jede Pflanze, jeder Gegenstand
scheint einbezogen zu sein in dieses Netzwerk.

Und du wirst in dieser Hinsicht wirklich
die Spreu vom Weizen zu trennen haben:
in jeder Hinsicht.
Es gibt Gegenstände, Pflanzen, Menschen, Tiere,
die das Positive in dir verstärken, zurückspiegeln,
es vervielfachen,
und es ist Zeit für dich,
dich mit solchen Gegenständen, Pflanzen, Menschen, Tieren zu umgeben
oder solche positiven Orte aufzusuchen,
damit dein Baum wächst
und reiche Früchte trägt.

Jeden Tag selbstbewußter

Und du kannst dich jetzt mehr und mehr entspannen,
einfach so daliegen,
an gar nichts denken,
es genießen,
dazusein.
Und während ich jetzt gleich von zehn bis eins zähle,
kannst du tiefer und tiefer gehen...
Zehn..., neun..., acht..., sieben..., sechs..., fünf..., vier..., drei..., zwei... und... eins...

Selbstbewußtsein
kann man nicht erzeugen.

Selbstbewußtsein
ist da,
und man muß nur bemerken, daß es da ist.

Du bist
Teil der Natur.
Jede Zelle deines Körpers ist
Natur,
genau wie ein Baum
genau wie eine Katze
oder eine Amsel.
Hast du schon einmal eine Amsel gesehen, die nicht selbstbewußt ist?
Hast du schon einmal einen Baum gesehen, der nicht selbstbewußt ist?
Man kann Selbstbewußtsein nicht erzeugen, weil es schon da ist,
und du mußt nur bemerken, daß es da ist,
in jeder Zelle deines Körpers.

Und du spürst vielleicht jetzt
das Strömen in deinem Körper.
Es ist das gleiche Strömen,

das jede Pflanze spürt,
jeder Baum,
jedes Tier.
Du mußt nicht über Selbstbewußtsein nachdenken.
Du mußt einfach fühlen, daß du es hast,
jetzt,
in diesem Moment.
Und wenn du es jetzt fühlen kannst,
kannst du es immer fühlen.

Es ist eine Angewohnheit.
Jedes Kind kommt selbstbewußt auf die Welt.
Und du kannst dir Selbstbewußtsein wieder angewöhnen.

Du kannst es jetzt fühlen in deinem linken Fuß,
dieses Dasein,
und in deinem rechten Fuß,
dieses Dasein.
Es ist ein Unterschied, ob du in deinen Fuß fühlst
oder in irgendeinen toten Gegenstand.
Und selbst tote Gegenstände haben eine Art Selbstbewußtsein,
weil sie da sind.
Allein die Existenz genügt.

Aber wieviel mehr Selbstbewußtsein
ist in einem lebenden Wesen!
Spüre in diesem Moment
deine Füße,
und spüre die Fähigkeit,
mit beiden Beinen fest auf dem Boden zu stehen.
Sieh dich selbst,
wie du fest mit beiden Beinen
auf dem Boden stehst,
und spüre die Verbundenheit mit der Erde.

Die Erde verleiht Selbstbewußtsein.
Du schwebst nicht im freien Raum.
Die Erde hat das Leben ermöglicht.

Jede Zelle deines Körpers
stammt von dieser Erde,
deiner Heimat.

Und spüre den Strom
der Erde,
wie er durch dich hindurchgeht,
durch deine Füße hinauf...
die Beine hinauf...
durch die Knie...
durch den Unterleib...
durch den Bauch...
die Brust...
hinauf zum Hals...
in den Kopf...
durch die Hände...
die Arme...
hinauf
zu den Schultern...
hinauf.
Spüre, wie dieser Strom
von den Füßen bis zum Kopf
durch deinen ganzen Körper hindurch
lebendig
fließt.

Man muß sich auf diese Dinge konzentrieren, um sie zu fühlen
Nur dann sind sie da.
Es ist, als ob du im Urlaub in der Sonne liegst,
und du kannst es nur genießen, wenn du weißt:
Ich bin jetzt hier im Urlaub,
und ich spüre die Wärme der Sonne auf der Haut,
und ich spüre, wie die Sonne mich auflädt mit Energie.

Ein Mensch, der im Urlaub am Strand liegt und an etwas anderes denkt,
spürt die Sonne nicht,
Aber ein Mensch, der irgendwo zu Hause

in seinem Bett liegt
und sich vorstellt,
er wäre im Urlaub,
kann die Sonne spüren.

Selbstbewußtsein
ist die Energie des Lebens,
ist die Energie der Natur,
und ist augenblicklich da,
wenn du diese Energie fühlst,
wenn du die Natur fühlst
in dir,
dieses Strömen,
diese Vibration.

Und du kannst in dieser Situation entspannen,
kannst dich zurücklehnen,
kannst dich wohlig strecken,
kannst frei atmen,
kannst spüren, was deine Hände spüren, in jeder Situation,
kannst deinen Körper spüren
in jeder Situation,
wirst deinen Atem spüren
in jeder Situation.

Und du wirst feststellen, daß du, wenn du all dies spürst,
dir deiner selbst bewußt bist.

Selbstbewußtsein ist nichts anderes als:
sich seiner selbst bewußt sein,
wissen, wer man ist,
wissen, daß man da ist,
spüren, daß man lebt.
Wie eine Amsel,
die morgens trällert,
wie ein Baum,
der im Herbst reiche Früchte trägt,
wie eine Biene,
die über Blüten schwebt,

selbstbewußt,
sich ihres Lebens freuend,
das Leben genießend,
spürend, was in diesem Moment geschieht.

Und du wirst dich in Zukunft immer öfter mit diesen Bildern beschäftigen,
mit diesen Vorstellungen,
mit diesen Ideen.
Du mußt dich mit diesen
Vorstellungen, Bildern und Ideen beschäftigen,
weil sie deine Natur sind.
Man könnte auch sagen, dies ist ein uraltes Wissen
aus der Tiefe des Unterbewußtseins.

Aber Unterbewußtsein ist nichts anderes als das prickelnde Leben deiner Zellen.
Alle Naturvölker haben Selbstbewußtsein, warum?
Weil sie sich des prickelnden Lebens ihrer Zellen bewußt sind
Und du kannst wieder so werden
wie ein Naturmensch
und dennoch in dieser Zivilisation leben.
Dich selbst spüren, immer wieder dich selbst spüren,
deinen Atem,
deinen Körper,
in jedem Moment.

Und du wirst erstaunt sein,
wie oft es dir einfällt,
deinen Atem zu fühlen,
die Haltung deiner Hände,
dein starkes Herz,
deine Kraft,
das Gefühl
in deinem Mund,
das Gefühl
auf deiner Haut.

Immer öfter wird dir bewußt werden,
was du gerade tust,
wie es sich anfühlt.

Alles, was du siehst,
alles, was du hörst,
alles, was du riechst,
alles, was du schmeckst,
kann dich erinnern an die Tatsache,
daß du lebst,
daß du Natur bist,
daß in dir so viel geschieht,
so viele wunderbare Vorgänge!
Kein Mensch
versteht wirklich,
was im Körper geschieht.
Aber wir wissen, wie gewaltig,
wie wunderbar
diese Fabrik
in uns ist
oder dieses Computerzentrum deines Gehirns.
Wenn du dich nur
oberflächlich
mit dem menschlichen Gehirn beschäftigst,
mußt du Selbstbewußtsein bekommen,
ein gewaltiges Selbstbewußtsein,
weil dein Gehirn
einmalig ist
und mehr leistet als tausend Computer.
Wenn du dich nur mit den Vorgängen in einer einzigen Zelle
deines Körpers beschäftigst,
mußt du Selbstbewußtsein haben,
denn dort geschieht mehr als in sämtlichen Biologie- und
Chemiebüchern der Welt
beschrieben ist.
Und ich sage bewußt nur: »beschrieben«,
keinesfalls verstanden wird.

So viel Wunderbares, so viel,
was wir noch lange nicht verstehen werden.

Wenn du dich nur mit der
Funktion deiner Augen zum Beispiel beschäftigst
oder deiner Ohren,
mußt du erschauern
vor diesem wunderbaren Wesen,
das du selbst bist.

Und ganz gleich, was du tust,
du kannst immer und immer wissen,
immer und immer daran denken,
was für ein Wunderwerk du bist,
was für ein
genießendes,
lebendes Wesen
voller Energie,
voller Selbstbewußtsein,
voller Schönheit,
voller Zukunft...

Und du wirst erstaunt sein,
daß du dich jeden Tag besser und besser fühlen wirst
weil dir diese Tatsachen
mehr und mehr bewußt werden.

Manche Menschen denken,
Suggestionen wären etwas,
was von außen kommt
und was man sich aneignen muß,
was man sich einreden muß.
Aber wirklich gute Suggestionen
sind keine Suggestionen,
sondern nur die Feststellung der Tatsachen.
Und es ist eine Tatsache,
daß du ein wunderbares göttliches Wesen bist,
daß du ein Wunder der Natur bist,
ein einmaliges Wunderwerk.

Wenn du dich auf die Tatsachen konzentrierst,
mußt du sehen,
daß das Göttliche in dir ist,
das gesamte Wissen des Universums.
Alles, was du brauchst,
ist da,
mehr,
als du benutzen kannst,
denn du bist wie alles in der Natur
so voller Leben,
so voller Ideen,
so voller Kraft.

Du wirst erstaunt sein, daß dir jeden Tag mehr und mehr
dieser Tatsachen bewußt werden,
daß du mehr und mehr diese unendliche Kraft in dir
spürst, dieses Strömen,
dieses Angeschlossensein an eine Batterie
der kosmischen Energie,
der Lebensenergie,
des Atems.
Du bist angeschlossen
an den ständigen Strom der Ideen
und Kreatitivität der Natur.

So – es muß dir jeden Tag besser gehen,
in jeder Hinsicht,
weil dir diese Dinge jeden Tag mehr und mehr bewußt werden,
und in diesem Bewußtsein
kannst du jetzt für eine Weile einfach so liegenbleiben
und spüren,
in jede Zelle deines Körpers hineinfühlen,
daß da etwas
Göttliches ist,
mit dem Wissen
der gesamten Evolution,
mit der Kraft
der Zukunft,

mit der Kraft des Lebens.
Spüre in jedes Organ,
fühle, wie es arbeitet,
spüre in jede Zeile,
spüre,
wie alles ineinandergreift.

Spüre
und wundere dich
über die Kraft,
die dir zuwächst,
wenn du dich plötzlich
in bestimmten Situationen erinnerst und fühlst:
Wie fühlt sich meine Hand jetzt an?

Was ist das Gefühl in meiner Nasenspitze?

Ich spüre meinen Atem.

In vielen Situationen wird es dir einfallen,
und dann weißt du,
und dann bist du bewußt,
und dann bist du dir
deiner selbst
bewußt.

Jeden Tag mehr auf dem Boden der Realität

Es gibt eine Kraft in dir,
die möchte,
daß es dir gut geht,
daß du dich jeden Tag
besser und besser fühlst.

Und du kannst dieser Kraft jetzt erlauben,
in dir zu wirken.
Du kannst jetzt dieser Kraft

erlauben,
dich zu regenerieren,
von innen heraus,
das in dir zu regeln und zu ordnen,
was gut und wichtig für dich ist.

Und du kannst vielleicht jetzt das Wirken dieser Kraft spüren.
Diese Kraft
kommt aus deinem Körper,
aus allen Zellen deines Körpers.
Alle Zellen deines Körpers
haben ein Bewußtsein,
das uralt ist,
so alt wie die Welt.

Von daher kommt diese Kraft.
Dein Gehirn ist nur ein ganz kleiner Teil deines Körpers,
ein Teil, den man sehr gut einsetzen kann,
um eine Steuererklärung zu machen.

Aber das Leben
wird von diesen alten Seelen
in dir
gesteuert.
Jede Zelle deines Körpers
hat die Urkraft in sich.
Das Leben ist entstanden
aus winzigen, kleinen Wesen mit einem winzig kleinen Bewußtsein,
und daraus haben sich die Einzeller entwickelt,
und die Entwicklung ging immer weiter
bis zu den Wirbeltieren und bis zum Menschen.

Und jede einzelne Zelle
hat die Erinnerung,
jede einzelne Zelle deines Körpers
hat den Weg des Lebens nachvollzogen.

Du warst einmal ein einzelliges Lebewesen.
Du hast all diese Schritte nachvollzogen.
Das heißt, jede Zelle deines Körpers hat die uralte Weisheit
und du kannst dieser Weisheit vertrauen.
Du kannst dich dieser Kraft
mehr und mehr anvertrauen,
diesem alten Wissen,
ganz gleich, was dein Kopf denken mag.

Der Kopf, der Verstand ist ein Computer,
und der Computer ist sehr nützlich,
aber der Computer weiß nicht viel von der Organisation
des Konzerns.
Der Konzern ist riesengroß, es ist ein göttlicher Konzern,
dein Körper.

Der Kopf ist praktisch ein Bildschirm
auf dem Schreibtisch einer Sekretärin,
ein paar Diskettenlaufwerke,
mehr ist es nicht.
Aber der Konzern ist riesengroß, ein lebender Organismus.

Und die Kräfte,
die den Konzern steuern,
sind im Konzern
und nicht im Computer.
So – ganz gleich, was der Computer ausdrucken mag,
berechnen mag,
der Konzern lebt
und atmet
und fühlt.

Und du kannst
diesem Leben
und diesem Atmen
und diesem
Fühlen mehr vertrauen,
jeden Tag mehr
vertrauen.

Der Bildschirm des Verstandes ist da,
aber er ist nicht alles.

Und du kannst vergleichen:
Bild und Realität.
Realität und Bild.
Der Bildschirm mag sagen: »Dort ist ein Baum«,
aber es ist eben nur ein Baum auf einem Bildschirm.
Schau dir die Realität an.
Fühle die Realität.

Du kannst in Zukunft in jeder Situation
mehr und mehr
schauen, was ist,
fühlen, was ist.

Dein Bewußtsein hat mit deinem Kopf nichts zu tun.
Dein Bewußtsein ist wie ein Scheinwerfer,
und du kannst den Scheinwerfer
richten,
auf was auch immer du möchtest.

Du kannst den Scheinwerfer
auf den Computer richten,
aber dann erwarte nichts anderes,
als ein Computerbild, als eine Computerinformation, und diese Information ist abhängig
von den Programmen, und wer weiß, ob die Programme
gut gemacht sind.

Diese Information ist abhängig von dem, was eingegeben wurde.
Und wer weiß,
ob der Programmierer es richtig eingegeben hat?
Aber man kann den Scheinwerfer des Bewußtseins
auch auf die wirkliche Realität richten.
Und die wirkliche Realität ist hier und jetzt.

Dieser Moment,

dieser Körper,

dieses Gefühl.

Was fühlst du jetzt
in deiner linken Hand?

Das ist real.

Was fühlst du jetzt in deinem
linken Auge?

Was fühlst du jetzt in deinem Bauch?

Kannst du dein Herz fühlen?

Kannst du deinen linken Fuß spüren?

Und du siehst,
daß das die Realität ist,
die Realität deines Körpers.
Was der Kopf dazu zu sagen hat,
ist irrelevant.

Und den Strahl des Bewußtseins
auf die wirkliche Realität des Hier und Jetzt zu richten,
ist eine hervorragende Methode,
um aus dem Kopf herauszukommen.

In dem Augenblick, in dem du wirklich fühlst,
wirklich wahrnimmst,
riechst,
schmeckst,
schaust,
im selben Moment wird der Kopf
zu einer Art unwichtigem Transistorradio, das irgend jemand abzustellen vergaß.

Und wenn man
nicht auf dieses Transistorradio hört,
dann wird es immer leiser und leiser,
und schließlich ist es überhaupt nicht mehr zu hören.

Irgendwann
kannst du es einschalten, wenn du möchtest.

Es gibt Dinge,
für die man den Kopf braucht,
für die man den Verstand braucht,
eine Straße zu finden,
einzukaufen,
kleine Dinge des täglichen Lebens,
im Beruf.
Du wirst in Zukunft deinen Kopf einschalten können, wenn du ihn brauchst.
Und gar nicht mehr hören, was er plappert,
wenn du ihn nicht brauchst.
Du kannst mehr und mehr
die Realität spüren,
die Realität in dir
und die Realität außerhalb von dir.

Diese wunderbare,
wirkliche Realität,

das Gefühl

deiner Haut,

das Gefühl, zu leben,
die Energie deines Lebens, die durch deine Wirbelsäule strömt,
die Wärme in dir,
die Helligkeit,
der Wechsel von Hell und Dunkel,
das Prickeln irgendwo in deinem Körper.

Du kannst schauen, was ist.
In Zukunft, immer wenn dein Kopf
dir etwas erzählen möchte, was du nicht hören willst,
mach deine Augen auf und schau,
was um dich herum ist.

Sieh diese physische Realität,
sieh die Schönheit,
die Formen,
die Farben,
die feinen Abstufungen,
das Wunder,
räumlich zu sehen.

Faß irgend etwas an.

In Zukunft,
wenn dein Kopf zu laut plappert,
faß irgend etwas an.
Etwas,
das du gern magst:
ein Stück Stoff,
deine eigene Hand,
einen Menschen, den du gern hast,
oder deinen Schreibtisch.

Es ist ein Privileg,
in dieser physischen Welt zu leben.
Es ist ein Privileg,
die Realität spüren zu dürfen.

So viele mußten gehen,
so viele, die du kanntest,
und sie können diese Welt nicht mehr berühren, sehen
schmecken, riechen.

So – genieße deinen Körper,
genieße die Empfindungen,
genieße die Gefühle,
genieße das alles.

In Zukunft
wirst du mehr und mehr
daran denken, daß es ein solches Geschenk ist,
diese physische Welt wahrnehmen zu dürfen.
Alles wird dich daran erinnern,

der Himmel,
die Vögel,
die Sonne
und der Mond,
die Wolken,
die Menschen,
die Häuser
und die Tiere
und sogar die Autos
und Straßenbahnen
und Bäume,

alles und alles
wird dich daran erinnern,
daß du lebst,
und daß Leben heißt,
genießen,
was ist,
diese physische Realität genießen,
diese Gefühle genießen,
dieses Leben genießen,
diesen Körper genießen.

Genießen,
was ist
in diesem Moment.
Und es gibt nur diesen Moment.
Der Kopf, der Computer,
kann nur
die Vergangenheit bearbeiten, widerspiegeln,
der Computer hat kein Organ für die Gegenwart,
aber der Körper kann die Gegenwart spüren,
die Augen können sehen, was jetzt ist.

So,
nimm wahr,
fühle,

schmecke,
rieche,
berühre,
schau.

Nur das ist wichtig.
Und ein Mensch, der wahrnimmt,
was in diesem Moment passiert,
lernt und entwickelt sich weiter,
hat Erfolg –
automatisch,
denn er ist eins
mit der Natur, mit dem, was existiert,
mit dem, was in diesem Moment ist.
Die gesamte Natur reagiert dauernd auf das, was ist.
Ein Baum denkt nicht nach: »Was war letzten Winter und was mußte ich tun,
als der Schnee kam?«
Ein Baum tut einfach, was nötig ist.

Wenn du die Gesetze der Natur für dich anwendest,
dann wirst du dich so weiterentwickeln
wie die Natur.
Du wirst blühen,
du wirst Früchte tragen.

Du wirst im Einklang sein
mit dem göttlichen Gesetz,
mit dem göttlichen Willen.
Und es muß dir mit zwingender Notwendigkeit
jeden Tag
besser
und besser
und besser gehen.

Du wirst dich weiterentwickeln,
du wirst erkennen,
du wirst lernen, probieren.

Und es wird deinem Körper besser und besser gehen,
und du wirst mehr und mehr

... verstehen.

Und all diese Dinge
sind im Grunde genommen die Weisheit deines eigenen Unterbewußtseins.
So – du brauchst nur Vertrauen.

Und du kannst jetzt einmal für einige Zeit
dich total
fallenlassen, dich total hingeben
der Weisheit
deines Unterbewußtseins,
gib dem Unterbewußtsein die Möglichkeit,

in dir zu regeln, zu verändern,
was nötig ist.

Laß dich treiben.

Gib dich total hin.

Ich lade mich mit positiver Energie auf

Du bist von einer positiven Kraft umgeben
und du kannst diese Kraft spüren,
wenn du darauf achtest.

Genauso, wie du von Luft umgeben bist und Luft einatmest
so bist du von positiven Kräften umgeben
und atmest positive Kräfte ein.

Du kannst gar nichts anderes einatmen,
als positive Kräfte,
weil es nur das Positive gibt.

Und dein Unterbewußtsein akzeptiert diesen Gedanken sofort,
akzeptiert diese Idee,

weil dein Unterbewußtsein dies schon weiß.
Nichts, was ich sage,
könntest du verstehen,
wenn es nicht ein Teil von dir schon irgendwo wüßte.

Tatsache ist,
daß dieses Wissen aus dir stammt,
aus den tiefsten Tiefen
deines Unterbewußtseins.

Und je tiefer du in dieses Unterbewußtsein gehst,
um so klarer
werden die Botschaften von dort.

Man kann das Unterbewußtsein mit einem Meer vergleichen
an der Oberfläche
sind die Wellen,
das Individuelle,
aber je tiefer du in dieses Meer hineintauchst,
um so mehr kommst du ins Kollektive,
Unbewußte.

Und in den tieferen Schichten
gibt es kein individuelles Wissen mehr.
Es ist das Wissen des Universums.

Und tief in dir weißt du,
daß es nur das Positive gibt.
Daß es nur Harmonie gibt.

Und du kannst dieses Positive und diese Harmonie
immer
mit einem Teil von dir spüren,
auch während du an der Oberfläche beschäftigt bist.
Du kannst dich an deiner Peripherie intensiv mit irgend etwas beschäftigen
und dennoch in der Tiefe
mit dieser Quelle verbunden sein,
mit der Quelle,

aus der alles Lebendige schöpft,
mit der Quelle
des Universums.
Und ein anderes Wort für das Positive aus dieser Quelle
ist Gott.
Und ein anderes Wort
ist Liebe.
Und du kannst vielleicht jetzt spüren,
wie jede Zelle deines Körpers
auf dieser Frequenz zu schwingen beginnt,
auf der Frequenz Gottes,
auf der Frequenz der Liebe.
Du kannst vielleicht jetzt spüren,
daß dein ganzer Körper zu leuchten beginnt,
zu schwingen beginnt.
Du kannst vielleicht jetzt spüren,
daß du von göttlicher Harmonie erfüllt bist.

Dein Körper ist entstanden
aus dieser Energie.
Das Leben ist entstanden
aus dieser Energie.
Und es kann nicht anders sein,
als daß du auf dieser Frequenz schwingst.
Es ist natürlich,
es entspricht der Natur deines Seins, deines Wesens, deines
Körpers, deiner Seele, deines Unterbewußtseins.
Es ist eigentlich nicht so, daß du
erst in diese Schwingung hineinkommen mußt,
es ist eher so,
daß du damit anfangen mußt zu spüren,
daß du immer auf dieser Wellenlänge schwingst.

Und du kannst jetzt in deinen Körper hineinfühlen,
kannst dieses Leben spüren,
diese Vibration,
dieses Strömen in dir,
das Da-Sein.

Du kannst in diesem Moment spüren,
daß du lebst.

Und du kannst in diesem Moment spüren,
daß dein ganzes Sein
nur darauf wartet,
nur auf diesen Moment gewartet hat,
auf dieser Wellenlänge
zu empfangen.

Und in dem Augenblick, in dem du auf dieser Wellenlänge empfängst,
beginnst du auch
auf dieser Wellenlänge zu senden.

Du beginnst umgeben zu sein
von dieser Schwingung.
Und die Menschen beginnen diese Schwingungen zu spüren
sie fühlen, daß da etwas ist,
sie fühlen, daß da einer ist,
der sich in Harmonie befindet
mit der Natur,
mit seinem Körper, denn dein Körper ist Natur,
sie fühlen, daß da jemand ist,
der in Harmonie
mit dem Universum ist.

So ähnlich, wie Menschen intuitiv
in der Natur
sich wohl fühlen,
sich unter einen Baum setzen,
aufatmen, wenn sie hoch in den Bergen sind,
sich wohl fühlen
am Meer oder an einem einsamen Bergsee . . .

Woher kommt dieses Sichwohlfühlen?
Woher kommt dieses Gefühl der Übereinstimmung?
Weil die Natur sich in Harmonie befindet.

Und ein Mensch, der beginnt, auf der gleichen Wellenlänge zu schwingen,
hat die gleiche Ausstrahlung wie die Natur.

Und diese Strahlungen verstärken sich gegenseitig nach dem Gesetz der Resonanz.
Und es entstehen Echos.
Und diese Schwingungen ziehen sich gegenseitig an.
Menschen, die auf dieser Wellenlänge sind, ziehen sich an.

Und man braucht nichts zu tun, um auf dieser Wellenlänge zu sein,
man muß sich nur bewußt werden,
daß man schon auf dieser Wellenlänge ist.
Und es gibt nichts zu tun,
außer
fühlen,
spüren,
bewußt sein,
im Bewußtsein dessen leben, was ist.
Es gibt im Leben nichts zu tun außer
da-sein,
bewußt da-sein.
Und alles andere kommt von selbst.
(. . .)
Wenn du ständig im Bewußtsein deiner wahren Natur lebst – und deine wahre Natur ist göttlich und deine wahre Natur ist Liebe –
dann kommt alles andere von selbst.

Dieses Im-Bewußtsein-Gottes-Leben
ist eine einzige positive Suggestion.
Automatisch kommt die Freude am Leben,
die Aufgeschlossenheit,
die Liebe zu den anderen Menschen,
die Liebe zu denen, die dir nahestehen.
Automatisch kommt die Neugierde,
das Lernen,
das Weiterkommenwollen.

Automatisch fließt die Energie,
ob auf einer materiellen Ebene, ob auf einer finanziellen Ebene
oder auf einer geistigen Ebene.
Denn all das ist reine Natur.
Wenn du in Harmonie bist mit der Natur,
und mit Gott,
dann wirst du zur Natur,
dann wirst du zu Gott,
und Gott fließt, Gott verändert sich
zum Positiven, zum immer Besseren, zum immer Vollkommeneren.
Alles entwickelt sich.
Alles geht immer weiter,
wird schöner,
aufregender.

Im Bewußtsein der Harmonie zu leben,
im Bewußtsein Gottes zu leben,
mit der Quelle verbunden zu sein,
heißt,
ständig positive Energie
auszustrahlen, ständig von positiver Energie umgeben zu sein.
Und wer positive Energie ausstrahlt,
kann nichts anderes mehr empfangen.
Wer dauernd Positives ausstrahlt,
kann nur noch positiv leben,
positiv handeln,
positiv sein.

Was wünschen Sie sich?

Die meisten Menschen halten sich für unglücklich oder unbefriedigt, weil ihre Wünsche unerfüllt bleiben. Wenn ich aber die Teilnehmer eines Seminars um eine präzise Beschreibung dessen bitte, was sie sich wünschen, dann stellt sich meist heraus, daß diese unerfüllten Wünsche nur schemenhaft, als blasse Gedanken im Kopf dieser Menschen herumgeistern, ja, daß sie nicht einmal genau aufzählen können, was sie sich alles wünschen.

Ich möchte Sie deshalb jetzt zunächst bitten, eine solche Wunschliste aufzustellen. Schreiben Sie bitte stichwortartig 21 »Dinge« auf, die sich in Ihrem Leben erfüllen sollen. Es können kleine und große Wünsche sein, Erwünschtes, für das Sie vielleicht noch lange brauchen werden und Dinge, die sich gar heute oder schon sehr bald erfüllen lassen.

Sie werden merken, daß die Erstellung einer solchen Liste nicht ganz einfach ist; nehmen Sie sich viel Zeit dazu. Es kann sein, daß Sie unzufrieden sind, weil Sie sich nie Gedanken über Ihre Wunschvorstellungen gemacht haben, oder weil Sie Ihre Wünsche niemals präzisiert haben.

Vermeiden Sie Allgemeines wie »Gesundheit« und formulieren Sie statt dessen, was Gesundheit für Sie genau bedeutet, zum Beispiel ein schlanker Körper oder eine gut funktionierende Verdauung.

Mancher Wunsch auf Ihrer Liste wird sich übrigens bald erfüllen, ohne daß Sie etwas tun müssen, denn oft genügt nur ein kleiner Anstoß, eine Bewußtmachung, die kurze Vorstellung des Erwünschten, die schon eine Suggestion darstellt.

Wenn Sie die Liste fertig haben, ordnen Sie Ihre Wünsche nach zwei Kriterien: Schreiben Sie die Dinge, die sich schnell verwirklichen lassen, an den Anfang und das, was länger braucht, mehr ans Ende. Sehr klar umrissene Wünsche, wie zum Beispiel ein neues Auto, kommen mehr an den Anfang, komplizierte Dinge, wie die Gründung einer Firma, mehr ans Ende.

Wir können mit Hilfe solch einer Liste viele interessante Dinge anstellen; in dem ausgezeichneten Buch »Alles ist erreichbar« von Raymond Hull finden Sie genauere Anleitung.

Ich möchte mich hier nur auf bestimmte Aspekte konzentrieren, doch dazu sind noch ein paar weitere Informationen nötig.

Lassen Sie bitte auf Ihrer Liste nichts aus, weil Sie denken, dies oder jenes könne sich doch nicht mehr erfüllen, beispielsweise weil Sie angeblich zu alt sind! Die kleinsten, die größten, auch die geheimsten und besonders die unerfüllbar scheinenden Wünsche sollten Sie sich vollständig klarmachen! Auch wenn sich Dinge widersprechen, oder die gleichzeitige Erfüllung Ihnen nicht möglich scheint, auch wenn Dinge absolut phantastisch oder im Gegenteil zu banal scheinen, schreiben Sie bitte alles auf, ohne es zu »zensieren«.

Lesen Sie bitte erst weiter, wenn Sie das Gefühl haben, daß Ihre Liste vollständig ist.

Wunscherfüllung ist Sonderleistung

Man könnte den überwiegenden Teil dessen, was wir sind, als »Tier« ansehen. Lediglich ein Teil unseres Gehirns unterscheidet uns wesentlich von unseren tierischen Vorfahren, und diesen nicht allzu großen Teil gibt es entwicklungsgeschichtlich noch nicht besonders lange. Wenn man die gesamte Evolution als Menschenalter sieht, so existiert das denkende Gehirn vielleicht erst seit ein paar Sekunden. So sehr wir uns auch äußerlich von anderen »Tieren« unterscheiden mögen – unser menschlicher Körper ist noch immer nicht wesentlich von dem eines Tieres unterschieden. Beobachten Sie Affen im Zoo und Sie sehen, wie gering der Unterschied wirklich ist.

Und warum sollte ein Tier freiwillig mehr tun, als fressen, trinken, schlafen und sich fortpflanzen? Schon sein »natürliches Bedürfnis« nach Bewegung mag vielleicht erlöschen, wenn es nicht mehr jagen muß, wenn es nicht mehr seine Grenzen verteidigen muß und sein Überleben sichern muß.

99 Prozent unserer rein physischen Anlage dürften kaum Veranlassung haben, Sport zu treiben, zu arbeiten, zu lesen, zu lernen, zu musizieren, zu meditieren, anders zu leben als eben einfach nur auf alles zu reagieren, was eben so geschieht, so wie Tiere es tun, wenn das jeweils Lebensnotwendige erledigt ist.

Für einen Tierkörper sind all diese Dinge überflüssig und nutzlos – wenn Sie also irgend etwas verwirklichen wollen, was über das nackte Überleben hinausgeht, müssen Sie Ihren Körper in irgendeiner Weise »dressieren«.

Man kann Tiere mit der Peitsche dressieren, mit Drohungen und Bestrafungen. Und das ist genau das, was viele Menschen tun: Sie zwingen sich zur Arbeit, zum Joggen, sogar zu Gebet oder Meditation. Aber unser Körper reagiert genau wie ein dressiertes Raubtier: Er liegt immer auf der Lauer, um doch zu machen, was er will, um sich gar zu rächen an seinem Peiniger. Herzinfarkt, Magengeschwür, Gehirnschlag, vielleicht sogar Krebs sind nichts als Racheakte für die unbarmherzige Dressur des Tieres in uns.

Aber man kann Tiere auch mit Liebe und Belohnungen dressieren. Gegen Streicheleinheiten und Belohnungen können Sie Ihrem Körper jeden Dienst abverlangen – denn: Alles, was Sie tun möchten, muß Ihr Körper für Sie tun. *Er* muß sich glücklich fühlen, *er* muß lesen, schreiben, in Urlaub fahren, eine Rede halten, gesund und fit sein, Klavier spielen, *er* muß sich selbstbewußt, sicher, geborgen, geliebt und fröhlich fühlen. Unser Geist kann all dies nicht selbst fühlen oder tun, er kann es nur registrieren. Aber er kann unserem Körper eine Belohnung versprechen, wenn er das Erwünschte tut. Und die Belohnung besteht wiederum aus guten Gefühlen. Denn wohl fühlen will sich unser Körper natürlich, nur sind seine diesbezüglichen Wünsche nicht so kompliziert, wie die ausgefallenen Wünsche eines übersättigten Zivilisationsbürgers. Der Körper ist mit einem simplen »Rundumgeborgensein« zufrieden. Wenn Sie ihm aber klarmachen, daß nur ein Medizinstudium oder eine Karriere als Tennisstar, Schlagersänger oder Politiker zu diesem Gefühl führen kann, so wird er Spitzenleistungen vollbringen.

Wenn ich von »Tier« spreche, möchte ich nicht den Eindruck erwecken, als sei dies etwas »Niederes« oder gar Unintelligentes. Ich glaube, daß Tiere eine bessere »Moral«, eine höhere Ethik und eine größere Intelligenz besitzen als der Mensch. Scherzhaft ausgedrückt: Tiere wissen vielleicht nichts, aber sie wenden es an. Der Mensch »weiß« und wendet es zu seinem eigenen Nachteil (und dem der ganzen Welt) an. Aber Sie können von der Moral, der Ethik und der Intelligenz des Tieres in sich lernen, indem Sie in sich hineinlauschen. Und wenn Sie auf das Tier hören, wird es auch bereit sein, auf Sie zu hören. Wenn Ihre Wünsche vernünftig sind, wird es sich mit guten Gefühlen jederzeit »locken« lassen und alles für Sie tun. Denn SIE sind ES. Doch verlangen Sie niemals etwas, wofür Sie keine Belohnung geben können!

Suggestion ist nichts als Dressur des Tieres in Ihnen.

Geben Sie sich niemals eine Suggestion, die Ihrem Körper schaden würde. Das klingt auf den ersten Blick selbstverständlich, aber manche Leute versuchen mit Suggestionen gewisse unangenehme Gefühle zu betäuben, anstatt die Ursachen zu beseitigen! Der berühmte Hypnosetherapeut Erickson lehnte es ab, Schmerzen »wegzuhypnotisieren«, wenn er sie für ein wichtiges Warnsignal des Körpers hielt!

Wenn Sie Magenschmerzen haben, weil Sie sich falsch ernähren, dann sollten Sie Ihre Ernährung umstellen und nicht versuchen, sie »wegzusuggerieren«!

Auch wenn Ihre Arbeit Ihnen Schmerzen verursacht, wäre es besser, einen Wechsel des Arbeitsplatzes in Erwägung zu ziehen. Natürlich können Sie sich Suggestionen geben, die Ihnen helfen werden, eine Ernährungsumstellung zu erreichen oder einen anderen Arbeitsplatz zu finden.

Stellen Sie sich stets das Erwünschte vor und das positive Gefühl, welches Sie haben werden, wenn sich das Erwünschte verwirklicht. Das ist dann der »Köder« für die Zellen! Aber vielleicht müssen wir erst einmal fragen:

Was wollen Sie wirklich?

Es gibt materielle und immaterielle Wünsche. Manche betreffen Beruf, andere wieder Liebe und Partnerschaft. Es gibt spirituelle Wünsche, geistige und körperliche, es gibt kleine und große Dinge, etwas, was Sie in kurzen Zeiträumen erreichen können, oder etwas, wofür Sie Jahre oder ein ganzes Leben brauchen. Es gibt auch Wünsche, die nur Mittel zum Zweck sind, also zum Beispiel könnte jemand einen Doktortitel wünschen, weil er die damit verbundene Anerkennung sucht, oder er möchte seine Eltern zufriedenstellen, oder er denkt an die Höhe seines zukünftigen Verdienstes. Die meisten Menschen wünschen sich auch Geld lediglich, um sich damit andere Wünsche erfüllen zu können. Die Zahl der möglichen Wunschobjekte ist schier unübersehbar.

Aber alle Wünsche haben eines gemeinsam – und ich behaupte das zunächst einfach mal: Was wir uns *wirklich* wünschen, sind Gefühle!

Wenn Sie sich ein Auto wünschen, wollen Sie in Wirklichkeit bequem reisen oder flexibel sein; Sie sehnen sich nach Freiheit oder nach der Anerkennung der Umwelt (falls das Auto für Sie auch Statussymbol ist). Den reinen Gegenstand »Auto« könnte man höchstens als Objekt ausstellen; erst die Funktion hat einen Sinn, und diese wiederum verschafft uns angenehme Gefühle (wenn sie es nicht tut, werden wir böse – beispielsweise wenn das Auto kaputtgeht). Ähnliches gilt natürlich für den Wunsch nach einer Waschmaschine oder einem Sofa (Sie wollen Bequemlichkeit), nach Erfolg im Beruf (Sie wollen vielleicht Anerkennung), nach einem Stück Schokolade oder einer Zigarette (Genuß für die Geschmacksnerven), nach einem schönen Bild (Genuß fürs Auge) oder Gesundheit und Schönheit (vielleicht wollen Sie in Wirklichkeit Anerkennung oder ein gutes Gefühl im Körper) usw.

Und nun kommt das Interessante: Hinter vielen Wünschen steckt etwas, hinter dem wiederum etwas anderes steckt usw.; Wünsche können ineinander geschachtelt sein wie die berühmten russischen Puppen. Und das ist das Wunderbare: Trotz der unglaublichen Vielfalt menschlicher Wünsche handelt es sich am Ende stets um den Wunsch nach einem ganz bestimmten Gefühl.

Es mag sein, daß Sie im Moment noch Ausnahmen finden, daß es vielleicht politische Wünsche oder abstrakte Wünsche gibt, die – scheinbar – mit Gefühlen nichts zu tun haben; aber Sie werden sehen, daß auch hinter der abstraktesten Wunschvorstellung ein Wunsch nach einem Gefühl steckt.

Und jetzt kommt das Wichtigste: *Gefühle sind physisch, das heißt, sie müssen konkret in einer bestimmten Stelle des Körpers oder im ganzen Körper fühlbar sein.*

Auch wenn Sie meinen, der Genuß von Musik oder abstraktem Philsophieren oder Schachspielen oder Meditieren oder irgendeine andere Gehirntätigkeit sei nicht physisch – seien Sie sicher, daß auch diese Dinge letzten Endes nur deshalb Genuß bereiten, weil Sie sich dabei in einem Teil Ihrer selbst körperlich wohl fühlen.

Wir leben zwar in einer Zeit, die das abstrakte Denken favorisiert und den Körper weitgehend verleugnet (wenn es sich nicht gerade um Sport handelt), aber noch immer ist es uns möglich, das körperliche Gefühl hinter dem Abstrakten aufzustöbern. Zumindest setzen sich Betätigungen, die zwar den Geist vielleicht reizen, aber auf Dauer keinen körperlichen Genuß verschaffen, bei den Menschen nicht durch. Lesen und Fernsehen zum Beispiel sind zwar weitgehend abstrakte Beschäftigungen, die man noch körperlich nennen kann, aber um so mehr wollen Menschen das sehen und lesen, was ihre Gefühle erregt, was sie zum Lachen oder Weinen reizt, wodurch sie Gänsehaut bekommen oder wodurch sie sexuell stimuliert werden.

Jeder Wunsch nach etwas, ganz gleich, was es ist, ist in Wirklichkeit der Wunsch nach einem Gefühl. Und:
Dieses Gefühl muß etwas sein, das körperlich zu spüren ist.
Ich möchte Sie bitten, zunächst einmal eine kleine Übung zu

machen, durch die Sie auf jeden Fall neue Erkenntnisse gewinnen werden.

Gehen Sie die folgenden Fragen mit allen Wünschen Ihrer Liste durch. Dies erfordert eine gewisse Konzentration. Wenn möglich, lassen Sie sich von einem Partner helfen, der Ihnen die Fragen vorliest. Lassen Sie sich von den Wundern überraschen, die diese Übung auslösen kann!

1. Ich wünsche mir ____________________
2. Was fühle ich, wenn ich diesen Wunsch erfüllt bekomme?

(Wenn ein Körpergefühl mit diesem Wunsch verbunden ist, weiter bei 5., sonst weiter bei 3.)

3. Welchen Vorteil habe ich, wenn dieser Wunsch erfüllt wird?

(Wiederholen Sie so lange die Frage 3., bis ein Gefühl in Ihnen spürbar wird.)

4. Welches positive Gefühl werde ich also haben, wenn der Wunsch erfüllt wird?
5. In welchem Teil meines Körpers möchte ich es zum Beispiel fühlen?
6. Ich stelle mir dieses Gefühl intensiv vor.
7. Ich kann das Gefühl im/in ____________________ spüren.
8. Welches Gefühl ist noch mit der Erfüllung des Wunsches nach ____________________ verbunden?

(Weiter bei 5., so lange, bis Sie alle mit dem Wunsch verbundenen Gefühle in den zugehörigen Körperteilen fühlen können.)

9. Wenn der Wunsch nach __________ sich erfüllt, was habe ich also damit erreicht?
10. Ich wünsche mir also eigentlich ____________________

(Gehen Sie mit diesem tiefer liegenden Wunsch wieder zu Frage 2 zurück.)

Wenn Sie diese Übung öfter machen, finden Sie Ihre wahren Wünsche heraus, entdecken Sie vielleicht neue Methoden, um diese Wünsche zu erfüllen, entlarven Sie Pseudowünsche und filtern sie aus. Außerdem können Sie so genauere Vorstellungen Ihrer Wünsche entwickeln, was Ihnen wiederum hilft, sich diese leichter zu erfüllen.

Durch die genaue Vorstellung der erwünschten Gefühle programmieren Sie Ihren Körper und damit Ihr Unterbewußtsein; er/es wird Ihnen helfen, die Wünsche baldigst zu erfüllen.

Wahrscheinlich haben Sie hinter jedem Wunsch, falls es sich nicht bereits um ein konkretes Körpergefühl handelte, einen neuen Wunsch gefunden, und diese Kette endete stets in klaren körperlichen Gefühlen. Wir Menschen sind physische Wesen und können letzten Endes nur auf der physischen Ebene wirklich lebendig sein. In diesem Fall: die Belohnung, die hinter jedem Wunsch steckt, genießen, indem wir das Gefühl erleben.

Wenn eine »Wunschkette« in etwas Abstraktem endet, bei »Ruhm« oder »Hilfe für die Hungernden«, oder »wissenschaftlicher Arbeit« oder »seelischem Frieden« oder »Bundeskanzler«, dann hat der Betreffende entweder nicht genügend lang gefragt oder ist nicht ehrlich; er müßte nämlich weiter fragen: »Was für ein Gefühl verursacht es mir, wenn ich den Hungernden helfe?« oder: »Was für ein Gefühl ersehne ich mir, wenn ich wissenschaftlich arbeite?« usw.

Gefühle sind ihrer Definition nach körperlich, sonst wären es keine Gefühle. Falls Sie Schwierigkeiten mit dieser Übung hatten, und auch im sonstigen Leben vielleicht einen Mangel an guten oder starken Gefühlen beklagen, dann sollten Sie unbedingt etwas dagegen tun – beispielsweise sich zur Teilnahme an einem entsprechenden Seminar entschließen. Wahrscheinlich ist nämlich die Verbindung Ihres Geistes mit Ihrem Körper eingerostet – vielleicht deshalb, weil Sie sich in einer »gefühllosen« Umgebung befinden, nur noch arbeiten oder viel Negatives erlebt haben. Wer negative Gefühle ablehnt und aussperrt, der verliert nach und nach die Sensibilität für Gefühle überhaupt und kann dann auch positive Gefühle nicht mehr erleben.

Es gibt allerdings auch andere Gründe, warum Menschen es

einfach nicht schaffen, der Erfüllung eines Wunsches ein Gefühl zuzuordnen.

Und zwar gibt es »Werte«, für die wir zwar »Worte« haben, hinter denen aber nichts Konkretes stecken mag, sondern die nur erfunden wurden, um uns zu manipulieren oder unseren Appetit auf etwas Neues und Unbekanntes zu erwecken. Wenn ich Ihnen immer wieder etwas von »reziproker Balancität« erzähle und vorschwärme, dann mögen Sie schon aus reiner Neugierde den Wunsch danach entwickeln, obwohl es so etwas gar nicht gibt. Volksverführer und Manipulierer aller Schattierungen haben solche Pseudowünsche zu erwecken verstanden. Schon allein die Tatsache, daß unter manchen Dingen jeder etwas anderes versteht, sollte uns zu denken geben.

Alles ist erreichbar

Wenn Sie den folgenden Trancetext lesen, werden Sie vielleicht ein seltsames Gefühl bekommen. Jedoch – setzen Sie einmal spaßeshalber an den freigelassenen Stellen einen Wunsch Ihrer Liste ein, und lesen Sie den Text dann noch einmal.

Sie werden feststellen, daß Sie dadurch neue Aspekte an Ihren Wünschen entdecken.

Als ich den Text schrieb, dachte ich eigentlich an Wünsche, beziehungsweise Gefühle wie Liebe, Gesundheit, Reichtum oder ähnliches. Dann habe ich ihn in der Arbeit mit meinen Klienten angewandt und war erstaunt, daß man wirklich alles einsetzen kann: das Bestehen einer Prüfung, einen neuen Vergaser, »daß Alfred heil ankommt« usw. Alles ist möglich! Bei vielen, eher banalen Wünschen ist die Vorstellung des Geruchs oder des Geräusches, den diese erzeugen, vielleicht eher komisch, aber selbst das wirkt, weil es die Nervenbahnen reinigt und das Gehirn frei und flexibel macht.

Wenn Sie sich die neuartigen Kombinationen von Dingen, die eigentlich nicht zusammenpassen wollen, vorzustellen suchen, wird Ihr fixierter Geist von seinen Obsessionen gelöst;

Sie werden fähig, neue Wege zu gehen und Lösungen zu finden.

Einen Wunsch zu haben, heißt doch eigentlich, es gibt etwas, was ich noch nicht habe, was ein anderer aber schon besitzt. *Er* bekam es, also muß es einen Weg für die Erfüllung des Wunsches geben. Bisher waren Sie meist auf Ihr eigenes Nichthaben – damit auf das Unerwünschte fixiert. In Zukunft können Sie sich damit beschäftigen, wie Sie es bekommen können oder auf die Vorstellung des Gefühls, das Sie haben werden, wenn der Wunsch erfüllt wird. Der Text »Wünsche erfüllen sich« macht Sie fähig, Lösungen zu sehen oder erlaubt den Lösungsmöglichkeiten, in Ihrem Leben zu wirken. Sie werden erstaunt sein, wie einfach die Lösung manchmal ist.

Außerdem setzt die intensive Beschäftigung mit dem Wunsch und seiner Erfüllung unser Unterbewußtsein so kräftig »in Marsch«, daß es kein Zurück mehr gibt; der Wunsch erfüllt sich mit zwingender Notwendigkeit. Seien Sie deshalb vorsichtig und überlegen Sie genau, ob Sie auch wirklich haben oder erreichen wollen, was Sie sich wünschen!!! Jeder erfüllte Wunsch bringt auch einen Rattenschwanz von Konsequenzen.

Wenn Sie sich beispielsweise ein eigenes Haus wünschen, denken Sie daran, daß sein Unterhalt und Erhalt viel Geld kosten, denken Sie daran, daß Sie dann vielleicht an einen Ort gebunden sind und Sie sich Sorgen machen werden, wenn Sie verreist sind usw.

Eine Bekannte von mir wollte unbedingt Fotomodell werden, sie hatte aber nie daran gedacht, daß sie dann nur noch aus Koffern leben würde, daß sie sich fortwährend Sorgen machen müßte über ihren Teint, ihr Gewicht, ihr Alter, ihren Busen. Jetzt steht sie manchmal stundenlang halbnackt im Wasser und friert und muß für irgendein Shampoo, von dem sie vermutet, daß es gar Dioxine enthält, in eine Kamera lächeln, hinter der ein Fotograf steht, den sie absolut nicht ausstehen kann.

Sollten Sie immer noch etwas wünschen, was Sie beim besten Willen nirgendwo fühlen können, dann untersuchen Sie doch einmal, ob es etwas ist, was es nur in Büchern oder Philosophien gibt, eine leere Worthülse, deren Entsprechung in der Realität gar nicht existiert.

Wünsche erfüllen sich

Du kannst in eine tiefe, angenehme Trance gehen...

zehn...
neun...
Du kannst es deinem Unterbewußtsein überlassen...,
dir ein konkrete Vorstellung
zu übermitteln,
was ______ ist...
acht...
sieben...
tiefer und tiefer...
sechs...
fünf...
vier...
drei...
zwei...
eins...
Wenn es ______ gibt,
muß es eine Stelle in dir geben,
wo du es fühlen kannst.
Irgendwo in deinem Körper ist eine Stelle,
wo du beginnst
dieses Etwas zu fühlen,
diese(s/n) ______.
Alles, was man fühlen kann,
was wirklich
real gefühlt werden kann,
muß irgendwo im Körper einen Platz haben,
wo es gefühlt wird.

Und du fühlst
dein ganz persönliches Gefühl,
unvergleichlich,
mit nichts zu vergleichen auf dieser Welt.
Und es mag ein Gefühl der Vibration sein,

ein Gefühl von Schwingung, von Energie,
von Wärme, von Ausdehnen,
von Fließen,
oder irgendein anderes Gefühl
dieser Art
oder anderer Art.

So – es ist dein persönliches Gefühl.

Und du kannst diesem Gefühl
eine Farbe zuordnen,
wenn das Gefühl eine Farbe hätte,
welche Farbe hätte es dann?
...
Und dieses Gefühl setzt sich zusammen
aus feinsten Teilen.
So wie sich die Materie
aus Atomen und Molekülen zusammensetzt
und das Licht aus Photonen,
so setzt sich auch ______
aus kleinen Partikeln zusammen.
Du kannst die Form dieser Partikel
sehen,
spüren:
Sind sie rund?
Sind sie weich?

Sind sie glänzend?
Oder matt?
Strukturiert?
Oder amorph?
Sind es Kugeln?
Oder Kristalle?

Wenn die Gefühlspartikel eine Form hätten,
welche Form wäre das?
Und du kannst spüren, daß es in dir eine Quelle gibt
die diese Gefühlspartikel aussendet,
vielleicht wie einen Nebel oder wie Wolken;

oder gibt es einen beständigen Strom,
der in eine bestimmte Richtung fließt?
Auf jeden Fall ist diese Quelle unerschöpflich
wie die Quelle
eines Flusses.
Die Quelle mag klein sein,
aber je weiter du dich von der Quelle entfernst,
je länger die Quelle sprudelt,
um so weiter und um so größer
wird der Strom

oder die Wolke

oder wie auch immer du in deinem Körper

die Ausbreitung

dieses Gefühls erlebst.

Und du siehst jetzt
die Form und du siehst
die Farbe.
Und du bleibst flexibel, weil sich die Farbe ändern kann,
weil sich die Form ändern kann,
so, wie sich die Farbe des Wassers am Meer
ändert.
So, wie sich die Form von Schneekristallen ändert,
so kann sich die Form
der ______ partikel in dir
und die Farbe
der ______ partikel ändern.
Und versuche jetzt herauszufinden, in welche Organe,
in welche Teile deines Körpers
dieses Gefühl hineinströmt.
Breitet es sich aus?
Kugelförmig?
Oder hat es eine bestimmte Richtung?
Zum Bauch oder zum Herzen oder zur Brust?
Oder in deine Arme oder in deinen Unterleib hinein?

Erlaube, daß dieses Gefühl sich mehr und mehr ausbreitet,
und spüre
die Farbe
und spüre
die Form.

Und versuche,
die Form so zu fühlen,
als ob du die einzelnen Teile
konkret berührst,
als ob deine
Haut
diese
Teile berührt.

Fühlt es sich an
wie ein Windhauch?
Ein warmer Wind oder wie warmes Wasser?
Oder wie ein Streicheln?
Oder wie eine Feder?
Federleicht?
Oder auf irgendeine andere Art angenehm,
vielleicht fest?
Oder sehr weich?
Oder fest?
Spüre, wie die ______ moleküle sich anfühlen.
Spüre es mit all deinen Sinnen.

...
Und jetzt
erinnere dich daran, daß diese Moleküle
auch akustisch wahrnehmbar sind.
Sie erzeugen Töne.
Ist es ein Klingeln
in der Ferne?

Oder wie eine Symphonie?
Eine bestimmte Symphonie ist vielleicht entstanden aus einem Gefühl der/des ______ heraus.

Manche Komponisten drücken ihre Wünsche in Musik aus. So – wenn du die Symphonie hörst, entsteht wieder das ______ -Gefühl. Es ist eine resonatorische Wechselwirkung.

. . .
Höre
das Strömen
der ______ moleküle
in deinem Körper.
Ist es ein Brummen, ein Summen?
Ein Rauschen oder ein Zwitschern?
Ein Klingen?
Ein Singen?
Klingt es wie ein Chor, der in der Ferne singt?
Oder wie Geigen?

Welche Instrumente
glaubst du zu hören?
Mancher
kann sich Pauken vorstellen
und Trompeten.

Und ein anderer vermeint,
Zimbeln
oder Schalmeien zu hören
oder das feine Klingeln
von Metallplättchen
oder Blättern
oder Hölzern,
im Wind,

oder etwas anderes?

Und spüre den Rhythmus
dieser Musik in dir.

Sieh die Farbe.
Schau, ob sie
so ist, wie sie war.

Sieh die Form,
ob sie so ist, wie sie war.
Sieh, ob du
sehr viele kleine Formen wahrnimmst
oder wenige größere Formen
oder eine
große Form?

Sind die Formen in dir oder außerhalb von dir?
Bist du
vielleicht in dieser Form?

Und denke daran, daß

______

auch einen Geruch hat.
Woran erinnert dich der Geruch?
Spüre in deine Nase hinein,
wie ______ riecht.

Ist es ein
zarter Duft
wie Rosen?
Oder Nelken?
Wie Jasmin?
Wie die Sonne oder wie der Mond?

Wie Sterne?

Hell oder dunkel?
Spüre diesen Geruch,
rieche diesen Geruch.
Und du kannst vielleicht feststellen,
daß man ______ sogar schmecken kann.
Hast du einen bestimmten Geschmack
in deinem Mund
in diesem Moment,

zart und weich

oder stark

und süß?

Für manchen schmeckt ______ salzig,
mancher liebt
sogar das Bittere
oder das
Saure.

Erlaube deinem Unterbewußtsein, in deinem Mund
den Geschmack zu produzieren,
den ______ für dich hat.

...
Spürst du, wie sich
diese Energie
wirklich konkret in dir auszubreiten beginnt,
oder hat sie sich schon über deinen ganzen Körper
ausgebreitet und vielleicht über deinen Körper hinaus?
Bist du umhüllt von dieser Energie der/des ______?
Und immer wieder kannst du
riechen,
wie ______ riecht,
schmecken,
wie ______ schmeckt,
fühlen,
wie ______ sich anfühlt,
sehen,
wie ______ aussieht.
Du kannst seine/ihre Farben sehen,
die Struktur,
die Form.

Und erlaube jetzt,
daß dieses Gefühl
stärker und stärker wird,
daß dieses Gefühl sich wirklich in deinem ganzen Körper
ausbreitet.

Und spüre, daß
diese(s) ______ einen Rhythmus hat.

Spüre sein/ihr Pulsieren.
Spüre die Wellenbewegungen.
Spüre die Schwingung.

______ ist nicht eine Anwesenheit
eines Gegenstandes,
sondern es ist ein
sich bewegendes Kontinuum,
wie fließendes Wasser,
wie
wehender Wind,
wie klingende Symphonien,
wie ein Ton,
wie eine
Erscheinung des Lebens,
die sich wandelt,
eine lebendige Schwingung.
Spüre diese Schwingung,
spüre die Veränderungen,
spüre den Rhythmus...

(...)
Und du kannst in Zukunft
jedes Gefühl,
alles, was du dir wünschst,
auf diese Weise
spüren.
Du wirst erstaunt sein,
daß dein Körper
wieder
zu einem Tempel

der Gefühle wird.

So wie ein Tempel manchmal erfüllt ist
von Licht,
wenn die Sonne
durch die bunten Glasfenster
ihre Strahlen schickt,

so wie ein Tempel erfüllt ist von tanzenden Stäubchen,
die glitzern in der Sonne,
so wie ein Tempel erfüllt sein kann
von Weihrauch
oder einem anderen angenehmen Geruch,
so wie ein Tempel erfüllt sein kann von Musik
oder Stille,
von göttlichem Duft,
von Engeln,
von Menschen, die beten,
von Hochzeiten,
von Taufen
und eines Tages auch
von der Ruhe und dem Frieden
des Todes . . .,
so kann der Tempel deines Körpers
zu einem lebendigen
Gefäß . . .
solcher Energien werden,
solcher
Gefühle,
solcher lebendigen Geschehnisse.

Du wirst erstaunt sein, daß du in Zukunft mehr und mehr
fühlst,
daß du mit all deinen Sinnen fühlst, daß du wieder weißt was
______ ist.
Und dieses Gefühl kann ausgelöst werden von
irgendeiner Kleinigkeit,
und sei es nur die Erinnerung daran,
daß du dankbar sein darfst
dafür,
daß du lebst.
Und alles kann dich daran erinnern,
ein Blatt im Wind,
ein Haar,
ein Spinnweb,

ein Stern,
ein Sonnenstrahl,
eine liebevolle Bemerkung.

Sogar das scheinbar Negative kann dich
an ______ erinnern.
Denn
die positive Energie ist
manchmal
irgendwo eingeschlossen,
kann nicht fließen
und äußert sich dann in einer scheinbar negativen Form
Aber in dem Augenblick, in dem du alles benutzt,
um dieses Gefühl zu erzeugen,
das Gefühl der Dankbarkeit
und der/des ______,
im gleichen Moment öffnet sich
die Kapsel,
der Kokon,
und du siehst, daß
das scheinbar Negative
nur das Positive
im Schlafzustand ist;
so wie eine Raupe
sich verpuppt
und
plötzlich ein Schmetterling hervorschlüpft,
wenn der Kokon sich öffnet.

So – alles wird dich daran erinnern, daß
dieses Gefühl der/des ______
immer in dir ist, und daß du jederzeit erlauben kannst,
es sich ausbreiten zu lassen,
es fliegen zu lassen,
es strömen zu lassen,
es sich ausgießen zu lassen,
es fließen zu lassen
bis du ganz davon erfüllt bist.

Du wirst erstaunt sein, daß du in Zukunft
öfter und öfter
scheinbar ganz ohne Grund
dieses wunderbare Gefühl spürst.

Natürliche Wünsche

Es kann sein, daß dieses Kapitel eine Menge Fragen in Ihnen ausgelöst und Sie zur intensiven Beschäftigung mit dem Thema »Wünsche und ihre Erfüllung« angeregt hat. Vielleicht hilft es Ihnen gar, Ihr gesamtes Weltbild zu verändern und die Frage nach dem Sinn Ihres persönlichen Lebens zu stellen. Sollten Sie diesbezüglich etwas verunsichert sein, so ist das nur gut – leben wir doch in einer Zeit, in der wir uns buchstäblich entscheiden müssen, ob wir weiterhin denken, was »man« denkt, in der wir uns wünschen, was »man« wünscht.

Jeder von uns hat schon gemerkt, daß so manches, was unseren Müttern und Vätern noch teuer war und vielleicht deren höchstes Ziel bedeutete, unserer Generation nur noch Kummer und Nachteile bringt.

Vielleicht trägt das Nachdenken über Ihre wirklichen Wünsche dazu bei, das *Natürliche* wieder zu Ehren kommen zu lassen; Sie mögen erkennen, daß etwas scheinbar so »Einfaches« wie Bewegung, Ruhe, Tanzen, Fließen, Berührung, Liebe, Geborgenheit, Betätigung, Natur, Schönheit und Lachen tausendmal mehr wert sein können, als materielle Güter oder gesellschaftliche »Werte«.

Überprüfen Sie von Zeit zu Zeit die Liste Ihrer Wünsche und schreiben Sie sie neu, wenn sich etwas ändert. Halten Sie sie immer auf dem letzten Stand. Allein nur das immer neue Schreiben, Ordnen und Überdenken bringt Sie Ihren Zielen näher.

Die Macht kreativer Vorstellungen

Das Gehirn »aufräumen«

Der anschließende Trancetext »Das innere Universum« bewirkt bei vielen Menschen eine Reinigung des Gehirns, die Wiederherstellung einer Ordnung, das Gefühl, daß das Leben unendlich groß und vielfältig ist und daß sich in allen Bereichen des Lebens ein Universum von Möglichkeiten eröffnet.

Wie entsteht diese Wirkung?

Wenn Sie dem Text folgen (falls Sie allein arbeiten, sollten Sie ihn auf jeden Fall auf Band sprechen!), werden Sie angeregt, kreuz und quer in den verschiedensten Teilen ihres Gehirns »umherzuspringen«.

Weite Bereiche Ihres Gehirns werden zugänglicher werden, und Verbindungen zwischen Gehirnteilen, die lange nicht oder noch nie benutzt wurden, werden hergestellt werden. Die Verbindung zwischen Rechts- und Linkshirn wird sich verbessern. Und Sie werden das Gefühl haben, daß Ihr Gehirncomputer freier programmierbar ist, als dies bisher der Fall war. Das heißt, es wird Ihnen leichter fallen, Neues auszuprobieren, neue Verhaltens- und Denkweisen anzunehmen, Änderungen in Ihrem Leben herbeizuführen.

Die Wirkungen des Textes auf Ihre Gehirnzellen möchte ich anhand eines Vergleichs erläutern: Dadurch, daß Ihre Gedanken bisher immer wieder die gleichen Wege gingen, hat sich eine Art »Straßensystem« in Ihrem Gehirn gebildet, das ebenso starr sein mag wie die Straßen einer Stadt oder wie ein Autobahnnetz. Durch gewohnheitsmäßiges Denken bilden sich »eingefahrene« Wege, auf denen man früher vielleicht einmal schnell zum Ziel kam, auf denen es aber inzwischen viele »Staus« gibt, und die ansonsten nur noch aus langweiliger Routine bestehen. Es kann sein, daß viele Menschen mit zunehmendem Alter mehr und mehr das Gefühl haben, das Leben rase schneller und schneller vorbei, weil sie sich nur noch auf den überfüllten Wegen der Masse befinden, anstatt, wie sie es als Kinder und Jugendliche taten, das Neue und das Unbekannte zu erforschen.

Mit Hilfe des Trancetextes erkunden Sie die selten benutzten Querverbindungen, die »lauschigen Waldwege« und »geheimnisvollen Gäßchen« Ihres Gehirns, die »Flußläufe und Bergpfade« der Nervenverbindungen. Dort ist noch Leben, dort sind neue Ideen, dort ist Gesundheit und Freude, dort ist noch Wahrnehmung, dort »riecht es noch nach Abenteuer«.

Man sagt ja auch in der Alltagssprache über bestimmte Menschen, ihr Denken verlaufe »in starren Bahnen«. Studieren Sie die Starrheit des Denkens bei anderen und nehmen Sie das Schlimmste an, was Ihre eigene Starrheit betrifft! Denn die Eigenart dieser Starrheit besteht darin, daß Sie von dem, der sie hat, nicht bemerkt wird! Arbeiten Sie an sich selbst, als wären Sie der verbohrteste Mensch der Welt. Sollten Sie jetzt behaupten wollen, Sie seien nicht starr und verbohrt, so ist dies bereits der Beweis, daß Sie es doch sind. Denn wer nur einigermaßen locker und frei sein kann, sieht zumindest die eigene innere Starrheit, so, wie der Beginn wirklichen Wissens nur darin bestehen kann, daß man akzeptiert, daß man nichts weiß.

Es ist gut, den Text »Das innere Universum« häufig zu benutzen. Ich selbst habe ihn Hunderte von Malen gehört und bin immer wieder überrascht, wieviel Neues jedesmal ausgelöst wird.

Der Text stellt mühelos Verbindungen her zwischen Gebieten, die scheinbar nichts miteinander zu tun haben und erschafft damit das ganze innere Universum neu. Bedeutende Entdeckungen sind oft gemacht worden, wenn Menschen sich auf völlig unterschiedlichen Gebieten betätigten. Denn ein Problem mag auf einem Gebiet längst gelöst sein und muß durch Analogieschluß nur auf ein anderes übertragen werden. Zum Beispiel lese ich gerade in diesen Tagen, daß auf einer Erfindermesse ein Knopf vorgestellt wurde, den man durch einfaches sekundenschnelles »Zusammenklicken« an jedem Kleidungsstück anbringen kann. Etwas Ähnliches gibt es in der Bürotechnik seit langem, man mußte nur das eingleisige Denken einer bestimmten Branche verlassen, um das zu »erfinden«.

Was für Sie ein Problem sein kann, haben andere in anderen Bereichen längst gelöst. Die Lösungen existieren alle, wir müssen sie nur sehen können. Sollten Sie sich in einer unbefriedigenden Lage befinden, so zeigt das nur, daß Sie bestimmte Bereiche Ihres Lebens vernachlässigt haben. Dies geschah bestimmt nicht wissentlich oder absichtlich, die Dinge haben sich halt langsam so entwickelt, und es gibt scheinbar keinen Ausweg. Sobald aber der Text Ihnen den »Kopf zurechtgerückt« hat, wird Ihnen Ihr ursprüngliches kreatives Potential wieder zur Verfügung stehen – man kann Kreativität ja geradezu definieren als »Fähigkeit, überraschende Verbindungen zwischen Dingen herzustellen, die scheinbar nichts miteinander zu tun haben«.

Sie werden kreativer, und Sie erleben die Freude an der Kreativität. Schöpferisches Tun ist vielleicht das befriedigendste Tun überhaupt.

Wahrscheinlich werden sich auch Ihre Träume verändern, eventuell werden sie farbiger werden und Ihre Traumwelt wird Ihnen zugänglicher sein. Dies ist eine Beobachtung, die viele Teilnehmer meiner Seminare gemacht haben.

Durch die Anwendung des Textes wird sich auch Ihre Wahrnehmung verändern. Sie werden besser sehen, besser hören, besser riechen und schmecken, und Sie werden alte, vergessen geglaubte Gefühle in sich wiederentdecken. Viele Menschen wundern sich darüber, wie lebhaft sie in Trance Dinge wahrnehmen können, die in uralten Zeiten geschahen – im Mittelalter, in der Urzeit der Erde, bei der Geburt des Universums. Bei manchen Menschen tauchen – durch den Text ausgelöst – gar Erinnerungen auf, die aus einem früheren Leben stammen könnten. Es gibt viel Literatur über die sogenannte Reinkarnation – Wiedergeburt –; es gibt Seminare, es gibt Reinkarnationstherapien. Dies ist nicht Thema dieses Buches; dennoch aber möchte ich kurz darauf eingehen, eben weil der Trancetext »Das innere Universum« solche alten Erinnerungen in Ihnen wecken kann.

Reinkarnation – Realität in uns?

Der Text »Das innere Universum« hilft Ihnen auch, das Bewußtsein der Einheit mit dem Kosmos wiederherzustellen, denn Sie reisen mental bis an den Anfang des Universums und erleben seine Geburt und Geschichte noch einmal im Zeitraffer mit. Sie wissen plötzlich auf einer existeniellen Ebene, daß Sie »schon immer dabei waren«, daß jedes Atom Ihres Körpers schon immer existiert hat. Und Sie erfahren vielleicht auch, daß Sie alles in sich tragen, was jemals war und was jemals sein wird – und demzufolge auch alles, was ist, denn ALLES IST JETZT. Daraus folgert wiederum, daß das äußere Universum auch in Ihnen ist. Nur unsere verquere Art der Wahrnehmung verstellt uns den Blick dafür, daß der Inhalt unseres Bewußtseins und unsere Umwelt eine Einheit sind.

Sie werden entdecken, daß Sie eine Menge Bilder aus der Geschichte des Kosmos gespeichert haben. Falls Sie glauben, daß diese Bilder aus Büchern oder Filmen stammen – warum sind Sie durch diese Bilder so beeindruckt worden, daß Sie sie gespeichert haben? Warum beeindrucken uns Bilder überhaupt? Weil wir etwas wiedererkennen, das ganz tief in uns ist. Filme und Bilder wurden ja von Menschen geschaffen, die ebenfalls aus dem unerschöpflichen Wissen des Universums schöpften und wir erkennen intuitiv wieder, was auch in uns ist.

Was wir aus früheren Leben wirklich mitnehmen, ist nicht die Erinnerung an historische Realitäten, sondern es sind Gefühlsqualitäten. Wir interpretieren diese Gefühlsqualitäten mit unserem heutigen Wissen und unserem heutigen Verstand. So ähnlich ergeht es uns sogar in diesem Leben: Wenn wir uns an die ersten Erfahrungen unserer Kindheit erinnern, so haben wir keinesfalls einen historisch genauen Film gespeichert, sondern wir empfinden zum Beispiel eine weiche, große, warme Gefühlsqualität – die wir eben heute als »Mutter« interpretieren können.

Oder: Die Erinnerung an unsere Zeit als Embryo kann beispielsweise als Eingeschlossensein in einem Zimmer interpretiert werden, ein Zimmer, dessen Wände sich vielleicht bewegen, die »atmen«. Wenn Sie sich derartige »Erinnerungen« vergegenwärtigen, dann erleben Sie eben nicht die historische Realität »Mutterleib«, sondern Sie interpretieren Ihre Erinnerung mit Ihrem heutigen Erwachsenenbewußtsein, und dann sehen Sie sich eben in einem Zimmer oder einer Gummizelle oder etwas Ähnlichem. Jeder Mensch hat Erinnerungen an frühere Leben gespeichert, aber eben nicht wie eine Erinnerung an den Urlaub vom letzten Jahr. (Ich weise bei dieser Gelegenheit darauf hin, daß selbst die Erinnerung an Ihren Urlaub nicht »historisch« ist, jeder Mensch speichert *seine* Interpretation und nichts Objektives oder Historisches.)

Wenn Sie also aufsteigende Ahnungen und Gefühlsqualitäten interpretieren, die aus vergangenen Leben stammen könnten, dann muß es sich nicht um historische Wahrheit handeln, obwohl es natürlich auch historische Wahrheit sein kann.

Der therapeutische Wert der Aufarbeitung von »früheren Leben« bleibt dadurch unberührt, ja er bekommt ihn hierdurch vielleicht erst.

Wenn Sie den Text »Das innere Universum« sprechen, lassen Sie bitte sehr lange Pausen zwischen den einzelnen Passagen. Nehmen Sie sich viel Zeit, die Bilder aufsteigen zu lassen und auszumalen, allerdings auch wiederum nicht so viel, daß Sie abdriften. Zehn bis 20 Sekunden dürften eine gute Zeitspanne sein. Wenn Sie passende Musik dazu zusammenstellen würden, wäre das nicht schlecht. Der Soundtrack des Films »Die unendliche Geschichte« enthält beispielsweise Passagen, die sich sehr gut eignen.

Trance läßt sich besonders gut in einer Gruppe durchführen. Man legt sich hierzu sternförmig in einen Raum, so daß die Köpfe in der Mitte möglichst nahe zusammen liegen.

Ich wurde übrigens durch die hervorragenden und sehr empfehlenswerten Bücher von Masters/Houston zu diesem Trancetext angeregt.*

Das innere Universum

Und du kannst dir jetzt einmal vorstellen,
daß du es dir auf einer Waldwiese bequem gemacht hast,
es ist Sommer, und die Wiese ist übersät mit bunten Blumen.

Du spürst die Sonne auf deiner Haut,
farbenprächtige Schmetterlinge und schillernde Libellen
schwirren umher.

Du spürst die Grashalme zwischen deinen Zehen.
Und du bist faul, so faul.

Und nun könntest du dir vorstellen,
daß du in einer sprudelnden, kühlen Quelle badest,
und diese Quelle reinigt dich total,
deinen Körper, deine Seele und deinen Geist.

Und nun schlüpfst du in ein weiches Federbett,
du bettest deinen Kopf auf ein frisch bezogenes Kissen
und wartest auf einen wunderbaren Traum.

*Robert Masters/Jean Houston: Phantasiereisen. Ein Führer durch unsere inneren Räume, Goldmann Nr. 11843

Und jetzt kannst du dir vorstellen,
daß du die weiche zarte Haut eines Babys streichelst,
spüre die Liebe, die es dir entgegenbringt.

Und nun stell dir vor,
daß du wenige Stunden vor Heiligabend durch die Stadt läufst
du siehst die Lichter hinter den Fenstern,
der Schnee knirscht unter deinen Schuhen,
und du hinterläßt frische Fußstapfen
auf dem weißen Teppich.

Du kommst an einer alten Kirche vorbei,
durch die hohen Fenster dringt heimeliges, warmes Licht,
und du hörst leise den Chor singen.

Und nun betrittst du diese Kirche,
du nimmst die vielen Kerzen wahr,
du riechst den Duft,
und du genießt die Ruhe in diesem großen, weiten Raum.

Und nun stell dir vor, daß du nachts in einem See badest,
nackt, ganz allein,
und die Wellen umschmeicheln dich,
und das Wasser erfrischt deinen Körper.

Und nun stell dir vor, daß du an einem Lagerfeuer sitzt,
du schaust in die Flammen
und siehst dort alle möglichen Gesichter und seltsamen Tiere.

Stell dir nun vor, daß du einen Skilanglauf machst,
im Gebirge,
und du genießt den tiefverschneiten Wald
und die glasklare Luft.

Und jetzt stell dir bitte vor,
daß du im Sommer auf dem höchsten Gipfel eines Berges sitzt,
und die Sonne geht gerade unter.
Der ganze Himmel ist voller oranger, roter und violetter Farben.

Und nun stell dir das Meer vor,
ganz kurz vor Sonnenaufgang.
Palmen wiegen sich leise im Wind,
die Wellen rauschen,
und der funkelnde, glühende Rand der Sonnenscheibe schiebt sich langsam
über den rötlich-gelben Horizont.
Und nun stell dir vor, du streichelst einem geliebten Menschen übers Gesicht
und über die Haare.

Und nun stell dir vor, du sitzt nach einem tiefen, erfrischenden Schlaf in der Sonne und frühstückst,
frische Brötchen und Honig.

Und nun stell dir vor, du wanderst an einem stürmischen Tag an einem Strand entlang.
Da sind die Wellen,
und du spürst den Wind auf deiner Haut.
Die Wellen haben Schaumkronen,
und du spürst den nassen Sand unter deinen nackten Füßen,
und da findest du plötzlich einen großen Bernstein.

Und jetzt schau zum Himmel,
und sieh, wie die Wolken einander jagen.
Und jetzt schau, wie die Sonne plötzlich durch die Wolken bricht . . .
Und jetzt spüre den Geschmack von Lakritze im Mund.

Und jetzt erinnere dich einmal daran, was du als Kind so gern gegessen hast.

Und nun erinnere dich bitte an ein Spielzeug, das du gerne mochtest.

Kannst du dich an die Schuhe erinnern,
die du als Kind getragen hast?

Und kannst du dich noch an einen Familienausflug erinnern?

Kannst du dich an einen besonderen Baum erinnern?

Wann hast du deinen ersten Luftballon gesehen?

Und nun erinnere dich an einen Clown.

Und nun denke einmal an einen komischen Lehrer, den du hattest.

Und kannst du dich noch erinnern, als du Steine gesammelt hast?

Und vielleicht hattest du eine Lieblingstante oder einen Lieblingsonkel,
und du siehst ihn oder sie jetzt genau vor dir.

Und erinnere dich jetzt bitte an ein kleines Mädchen oder einen kleinen Jungen aus deiner Kindheit.

Und jetzt erinnere dich an einen alten Mann, den du als Kind kanntest.

Und vielleicht kannst du dich auch an den Geruch erinnern, als deine Mutter Weihnachtsplätzchen gebacken hat?

Und weißt du noch, wie es im Keller gerochen hat oder auf dem Dachboden?

Und nun erinnere dich an deinen ersten Kuß.
Kannst du dich daran erinnern, wie du zum ersten Mal verliebt warst?

Und nun denk bitte an deinen ersten Schultag.
Hattest du eine Tüte?

Und was ist deine erste Erinnerung überhaupt?
Erinnere dich soweit wie möglich zurück.
(...)

Und nun schau zu, wie Gutenberg seine erste Druckfahne in Händen hält.
Sieh seine Begeisterung,
sieh das frischbedruckte Papier,
rieche die Druckerschwärze.

Und nun siehst du eine Szene aus dem Dreißigjährigen Krieg

Erinnere dich an König Barbarossa und ein Gelage in seinem Schloß.

Und jetzt erinnere dich an einen Zauberer.

Und nun erinnere dich daran, wie Romulus und Remus die Stadt Rom gründeten.

Und nun erinnere dich bitte daran, wie Jesus von Nazareth gekreuzigt wurde.

Und erinnere dich jetzt bitte an den Bau der chinesischen Mauer.
Und erinnere dich an den Bau der Pyramiden in Ägypten,
erinnere dich
an die Sphinx . . .

Erinnere dich daran, wie die Urmenschen Mammuts jagten, im Neandertal.

Erinnere dich an die riesengroßen Regenwälder, an die Urwälder,
mit Schachtelhalmen und Riesenfarnen, erinnere dich an die Sümpfe.

Sieh, wie die Dinosaurier ihre gewaltigen Körper durch die Sümpfe schleppen.

Stell dir vor, du bist jetzt ein solcher Dinosaurier.

Sieh, wie riesige Flugechsen durch die Lüfte sausen.

Stell dir vor, du bist ein Kopffüßler, ein Ammonit.
Du lebst im Wasser bei diesen Sümpfen,
wo das Leben entstand.

Stell dir vor, du bist ein riesengroßer, alter Baum.

Stell dir vor, du bist ein einzelliges Lebewesen im Wasser.

Und nun stell dir vor, du bist ein Kristall.

Stell dir vor, du bist ein Atom in diesem Kristall.

Vielleicht kannst du ganz deutlich spüren, wie es sich anfühlte, in einem Kristallgitter eingeschlossen zu sein.

Und nun stell dir vor, du bist ein Atom in der glühenden flüssigen Masse, aus der die Erde einmal entstanden ist.

(...)

Und nun stell dir vor, du bist dabei, wie das Universum erschaffen wird.

Sieh, wie die unendlich vielen Galaxien sich formen,

sieh, wie unsere Milchstraße entsteht,

beobachte, wie unser Sonnensystem entsteht.

Sieh, wie die Erde entsteht.

Sieh, wie der Mond entsteht.

Sieh, wie die Erde zum blauen Planeten wird.

Spüre, daß diese Erde deine Heimat ist, spüre, daß du auf diesem wunderbaren
blauen Planeten vollkommen geborgen bist,
wisse, daß diese Erde ein riesengroßes Raumschiff ist.

Und nun stell dir vor, daß du in einer einsamen, klaren Nacht zum Himmel
schaust und die Myriaden leuchtender Sterne am Firmament wahrnimmst.

Spüre die Weite des Weltraums, fühle, wie unendlich groß dieser Raum ist,
... und spüre deine Geborgenheit auf dieser wunderbaren Mutter Erde.

Und nun erinnere dich an den Moment, als du gezeugt wurdest.

Und nun erinnere dich daran, wie es war, als du geboren
wurdest,
als du zum ersten Mal in diesem Leben das Licht sahst.

Und nun erinnere dich bitte an dich selbst,
in diesem Moment,
da, wo du jetzt bist,
im Hier und Jetzt.

Und fühle dich selbst,
so wie du bist,
und freue dich,
daß du da bist.

Und genieße dieses Leben,
genieße diese wunderbare Welt.

Ein Wundermittel?

Ob Sie an die folgenden »Farbreinigung« glauben oder nicht, ob Sie zuhören oder nicht, ob Sie sich dabei entspannen oder nicht, ob Sie wollen oder nicht, die Farbreinigung wirkt.

Sie wirkt mit der gleichen Konsequenz wie die Schwerkraft. Wenn ich einen schweren Gegenstand in der Luft loslasse, dann fällt er, ob ich nun daran glaube oder nicht.

Auf »spirituellem Gebiet« verlassen wir uns allzuoft auf die Hilfe des Glaubens, der meist nur eine Art Placebowirkung entfaltet und sonst nichts. In der Medizin wird ein Medikament erst dann als wirkungsvoll anerkannt, wenn seine Wirkung diejenige einer Zuckerpille, eines Placebos, deutlich übersteigt. Beim doppelten Blindversuch nimmt eine Gruppe von Patienten das zu testende Präparat ein; eine gleichgroße Gruppe bekommt eine harmlose Pille. Dabei wissen nicht einmal die testenden Ärzte, wer zu welcher Gruppe gehört, damit sie mit ihrem »Unglauben« an die Zuckerpille den

Patienten nicht unbewußt beeinflussen. Man erwartet nun bereits vom Placebo grundsätzlich bei einem gewissen Prozentsatz der Patienten positive Wirkung, das heißt, Schmerzen und Symptome verschwinden, Krankheiten werden geheilt usw.

Es ist also nichts Besonderes, wenn selbst die verrücktesten Therapien und die größten Spinner der sogenannten spirituellen Szene bisweilen erstaunliche Ergebnisse erzielen.

Viele sogenannten geistigen Lehrer und spirituellen Gurus beuten die Fähigkeit des Menschen zum Glauben aus und verlassen sich nur auf die Wirkungen dieses Glaubens. Wenn etwas nicht funktioniert, dann hat man eben nicht stark genug geglaubt. Aber wer hilft den Menschen, die nicht glauben können oder wollen? Haben sie nicht auch ein Recht auf Hilfe?

Ich persönlich habe nichts gegen Pseudomethoden und Wunderheiler, sicher ist der Bedarf an Placebos groß. Aber ich möchte nur mit Methoden arbeiten, die auch bei »Ungläubigen« wirken.

Für die Farbreinigung trifft dies in besonderem Maße zu. Bitte glauben Sie also meinetwegen nicht daran. Hören Sie nicht zu, beschäftigen Sie sich beim Hören ruhig mit etwas anderem, entspannen Sie sich nicht dabei. Sie wirkt trotzdem und auf jeden Fall. (Oder vielleicht gerade deshalb?)

Einer meiner Freunde hat die Kassette einmal ohne jede Erklärung vor einer Filmvorführung laufen lassen, und der für die Anwesenden völlig unverständliche Text erzeugte eine erstaunlich lockere, positive Stimmung; der ganze Saal lachte und alberte und nach 25 Minuten fühlten sich die Leute sichtbar wohl; die Wirkung war eingetreten.

Das Unterbewußtsein benutzt jede Möglickeit, Sie zu heilen, Sie zu reinigen, Sie zu befreien. So wie das Leben jede Möglichkeit benutzt, sich weiterzuentwickeln, jede ökologische Nische, jeden Nährstoff, der sich bietet. Sowie Sie dem Unterbewußtsein erlauben, Spannungen, Gifte, Viren, Bakterien, Fremdkörper, unangenehme Gefühle, Panzerungen oder sonstwie Unerwünschtes abfließen zu lassen, nimmt es diese Gelegenheit dankbar wahr.

Methoden, die auch den Verstand einbeziehen, behindern vielleicht den Prozeß der Selbstreinigung, doch die Vorstellung der Farben und Strukturen und Teilchen bietet dem Verstand nur wenig Möglichkeit, sich an dem ganzen Prozeß zu beteiligen und ihn zu stören.

Hinzu kommt, daß Farben sehr stark mit Gefühlen verbunden werden, eine Farbe wirkt stärker als jeder Gedanke. Es ist eine Tatsache, daß Farben ganz direkt auf die Körperzellen wirken. Es gibt Menschen, die Farben mit der Haut »sehen« können, und man kann Krankheiten durch die Bestrahlung mit farbigem Licht heilen.

Es gibt kaum eine stärkere Methode, sich ein Gefühl vorzustellen, als auf dem Umweg über eine Farbe, kaum eine stärkere Methode, Gefühle auszulösen, als durch Farben. Ein roter Raum oder rote Kleidung heben den Blutdruck, ein blauer Raum senkt ihn. Es ist, als ob man über Farben ganz direkt zu den Zellen sprechen könnte.

Daß sich Menschen in ihrer persönlichen Art, Farben und Gefühle miteinander zu assoziieren, sehr stark voneinander unterscheiden, ist bei der Anwendung der Farbreinigung keinesfalls ein Hindernis, sondern im Gegenteil ein Segen – jeder reinigt sich auf seine persönliche Weise, da ja eben gar nichts Spezifisches angesprochen wird, sondern nur die Farben und Formen. Die »Farbreinigung« läßt dem Unterbewußtsein des einzelnen vollkommene Freiheit, sich zu befreien; der Verstand hat keinerlei Möglichkeit, diesen Prozeß zu stören, weil er gar nicht weiß, wo er ansetzen sollte.

Vielleicht ist es grundsätzlich nur der Verstand, der unsere Probleme erzeugt und der diese Probleme festhält? Sobald wir ihn umgehen, benutzt unser Unterbewußtsein dankbar die Gelegenheit, einen natürlichen Reinigungsprozeß zu vollziehen. (In diesem Licht betrachtet, mag man so manches »magische Ritual«, so manches Mantra und so manche seltsam anmutende Art der Meditation mit anderen Augen sehen.)

Im übrigen kenne ich auch kaum einen Text, der eine tiefere Trance hervorrufen kann, obwohl ich dies gar nicht wünsche oder vorher als Wunsch ausgesprochen habe. Außerdem setze ich den Text zusammen mit einer aufregenden und nervösen Musik ein, also genau dem Gegenteil von typischer Trancemusik, dennoch gehen viele Menschen durch die Kassette sehr tief in Trance.

Viele Menschen schütteln sich, zucken, während die Kassette läuft, wellenförmige Bewegungen gehen durch sie hindurch, sie atmen besser und stärker und ihre Durchblutung verbessert sich, so daß sie sich auch deshalb hinterher frisch und gekräftigt fühlen. Es ist, als ob das Abfließen der negativen Energien auf jeder Ebene (seelisch, geistig und körperlich) ein Vakuum schafft, das nun mit positiver Energie, Lebenskraft und kosmischem Atem ausgefüllt wird.

Manche Menschen berichten hinterher, wie sie sich bestimmte Farben sehr gut und andere gar nicht vorstellen konnten, und wie sich gewisse Farben in bestimmten Organen geradezu aufdrängten und in anderen gar keine Farbvorstellung möglich war. So kann es sein, daß aus einer entzündeten Blase knallrote Partikel herauszufließen scheinen, oder daß das Gefühl entsteht, als ob aus einem schmerzenden Magen gelbe oder giftgrüne Wolken entweichen.

Übrigens brauchen Sie keine Angst zu haben, daß Sie erwünschte Eigenschaften oder Energien (rot für Liebe, violett für Religiosität, grün für Hoffnung usw.) loswerden.

Sie können sich darauf verlassen, daß Ihr Unterbewußtsein/Körper weiß, wovon Sie sich befreien müssen und wovon nicht.

Wenn Sie sich selbst eine Kassette mit Ihrer persönlichen Farbreinigung herstellen wollen, benutzen Sie eine Musik wie etwa die von Philipp Glass (»Koyaanisqatsi«), sprechen Sie relativ schnell und fordernd, fast befehlend, und lassen Sie keine großen Pausen. Wandeln Sie den Text nach Ihren Bedürfnissen ab, falls Sie bestimmte Organe gezielt reinigen möchten. Auch wenn Ihnen spezielle Farben oder Formen einfallen, die Sie mit bestimmten Problemen assoziieren, können Sie diese

Farben und Formen gezielt ansprechen. Während der Trance stellen Sie sich dann nur noch die Farben und Formen vor, nicht aber die Probleme. Manche Vorstellung von Farben und Formen löst Emotionen aus, ohne daß Sie etwas Bestimmtes damit verbinden. Ich persönlich reagierte früher stark auf die Vorstellung weißer Wattebäusche (als kleines Kind hatte ich oft den Alptraum, daß solche Wattekugeln auf mich zufliegen), oder ich spürte starke, seltsame Emotionen, wenn ich mir schwarze, glänzende Kugeln vorstellte. Wenn Sie auch solche Vorstellungen in sich entdecken, bauen Sie sie in die Trance ein.

Wenn der eigentliche Reinigungsprozeß vorbei ist, setze ich nach einer kleinen Pause eine sehr sanfte, klare Musik ein.

Farbreinigung

Und stell dir die Farbe grau vor,
stell dir vor, daß dein ganzer Körper grau wird.
Deine Füße, deine Hände, deine Knie, dein Unterleib,
Leber, Nieren, Geschlechtsorgane,
Herz, Lungen, Drüsen, Gehirn, Augen, Ohren, Mund, Kehlkopf,
alles wird grau.
Und diese graue Farbe sammelt sich in deiner Wirbelsäule
und wird nach draußen geschleudert, durch eine gedachte Öffnung im Kopf.

Und tu es noch einmal,
grau, graue Farbe, graue Nebel, graue Farbteilchen sammeln sich und werden nach draußen geschleudert.
Aus allen Teilen deines Körpers strömen die grauen Partikel zusammen
und fliegen durch die Wirbelsäule, durch den Kopf nach draußen.

Und stell es dir noch einmal vor,
sieh, wo überall noch graue Energie in dir ist.

Zieh die graue Energie in der Wirbelsäule zusammen und schieße sie nach draußen.

Und jetzt stell dir die braune Farbe vor,
dein ganzer Körper
wird braun.
Füße, Hände, Knie, Unterleib,
die Organe dort, Leber, Nieren und Geschlechtsorgane,
Herz, Lungen, Drüsen,
Gehirn, Augen, Ohren, Mund, Kehlkopf,
die braune Energie strömt in der Wirbelsäule zusammen,
fliegt nach draußen.

Und noch einmal:
Die braune Energie, die braunen Teilchen strömen zusammen und fliegen nach draußen,
strömen zusammen und fliegen nach draußen.

Und laß sie noch einmal zusammenströmen
und laß die Energie nach draußen fliegen
durch die gedachte Öffnung im Kopf.

Und jetzt die gelbe Energie,
gelbe Teilchen
sammeln sich im ganzen Körper,
in den Füßen, in den Händen;
Knie, Unterleib, Leber, Nieren, Geschlechtsorgane,
Herz, Lungen, Drüsen, Gehirn, Augen, Ohren, Mund, Kehlkopf.

Sieh, wie die Energie in deiner Wirbelsäule zusammenströmt und nach draußen fliegt.
Und noch einmal die gelbe Energie,
gelbe Farbpartikel aus allen Organen,
aus der Haut, aus den Adern, aus dem Lymphsystem, aus den
Knien, aus dem Unterleib, aus den Geschlechtsorganen,
alles strömt in der Wirbelsäule zusammen.
Und sieh es immer wieder,
laß es immer wieder geschehen.
Laß es zusammenströmen und schieß es nach draußen.

Gelbe Farbwolken
fliegen aus deinem Kopf heraus.
Und noch einmal die gelben Farbwolken,
wie ein Vulkanausbruch,
wie eine Flamme.

Und laß deinen Körper jetzt rot werden in deiner Phantasie
sieh, wie alle roten Teilchen zusammenströmen in der Wirbelsäule und schieß sie nach draußen.
Füße, Hände, Knie, Unterleib,
die rote Energie.

Und lasse sie immer wieder in die Wirbelsäule strömen und schieße sie nach draußen.
Leber, Nieren, Geschlechtsorgane, Herz, Lungen, alle Drüsen,
Gehirn ... die rote Energie ...
... in die Wirbelsäule und nach draußen.

Augen, Ohren, Mund, Kehlkopf.
Dein Körper wird gereinigt von der roten Energie.

Die rote Energie fließt zusammen und fliegt nach draußen,
fließt zusammen und fliegt nach draußen.

Stell es dir immer wieder vor.

Und jetzt die grüne Energie.
Sieh, wie jede Zelle deines Körpers grün wird
und schieß sie nach draußen.
Grüne Energie, grüne Farbpartikel in allen Organen,
laß sie zur Wirbelsäule strömen und schieß sie nach draußen.
laß die grüne Energie zur Wirbelsäule strömen
und laß sie nach draußen fliegen. Werde frei von der grünen Energie ...
immer wieder und immer wieder,
wie ein Vulkanausbruch!
Grüne Farbwolken ziehen sich zusammen in der Wirbelsäule und fliegen nach draußen.

Und jetzt stell dir die violette Energie vor,
Füße, Hände, Knie ...
violett ...
... Unterleib.
Laß sie in die Wirbelsäule strömen und schieß sie nach draußen.
Violette Energie aus Leber, Nieren, Geschlechtsorganen, aus Herz und Lunge,
aus den Drüsen, aus dem Nervensystem, aus dem Gehirn, aus den Augen, aus den Ohren, aus dem Mund, aus dem Kehlkopf,
aus dem Bauchnabel.

Du kannst förmlich sehen, wie die violette Energie sich zusammenzieht in deiner Wirbelsäule und nach draußen fliegt.
Laß es zu einem pulsierenden Strom werden.
Violett.

Und jetzt sieh schwarze Farbwolken,
laß die schwarzen Farbwolken zusammenströmen in der Wirbelsäule und schieße sie nach draußen.

Und noch einmal:
Schwarz in den Organen, sieh, wie sie schwarz werden,
und wie diese schwarze Energie abfließt durch die Wirbelsäule.
Schwarze Energie
fliegt durch die gedachte Öffnung im Kopf nach draußen,
eine schwarze Fontäne.

Nun noch einmal die schwarze Fontäne, sieh, wie es zusammenströmt aus deinem ganzen Körper,
aus der Haut, aus den Organen, aus den Fingerspitzen, aus den Füßen,
alles strömt zur Wirbelsäule und wird nach draußen geschossen.

Und jetzt stell dir die blaue Energie vor,
blaue Farbteilchen
strömen zusammen und fliegen nach draußen,

strömen zusammen und fliegen nach draußen,
strömen zusammen und fliegen nach draußen.

Und jetzt stell dir die orange Energie vor.
Orange Farbteilchen
strömen,
pulsieren durch die Wirbelsäule
und fliegen nach draußen.
Sieh, aus welchen Organen
die Farbteilchen zusammenströmen in der Wirbelsäule und
laß sie nach draußen fliegen wie eine Fontäne,

das ist wie ein Vulkanausbruch, wie eine Flamme.

Und sieh, wie dein Körper reiner und klarer wird,
sich befreit
von all diesen Energien.
Und sieh jetzt, welche
Farbteilchen
noch in deinem Körper sind.

Laß sie zusammenströmen,
schieß sie nach draußen.

Wo sind noch graue Teilchen?
Gibt es Organe mit grauen Farbwolken?
Und braunen Farbwolken?

Und gelb?
Du kannst die Farbteilchen sehen wie kleine Kugeln
oder kleine Würfel oder kleine Kristalle.
Grün, violett, schwarz.
Schwarze Kugeln oder Murmeln,
grüne Kugeln, violette Kugeln, Würfel, Kristalle.

Sieh, welche Farbteilchen noch zusammenströmen in welchen Organen.
Welche Farbteilchen hast du noch in deinen Füßen?
Laß sie zusammenströmen in der Wirbelsäule,
in deinen Händen,

laß sie zusammenströmen in der Wirbelsäule.
Und in den Knien...
Kristalline Formen, kristalline Strukturen,
Plättchen, Stäbchen,
Kugeln,
Pentagondodekaeder,
kleine Pyramiden,
grau, braun, gelb, rot, schwarz, grün,
sieh, wie das alles in der Wirbelsäule zusammenströmt und nach draußen fliegt.
Laß es zusammenströmen und schick es nach draußen,
laß es zusammenströmen und schick es nach draußen.
Alle möglichen Formen, Strukturen,
kleine Kissen, kleine Würfel,
Pyramiden, kleine Spitzen, Nadeln,
Fäden, Bänder, Stricke, Seile,
wurmartige Gebilde, schlangenartige Gebilde,
Stäbchen...
Sieh, wie es immer schneller strömt und immer schneller aus dir herausbricht.
Und sieh, wie du reiner wirst, wie du klarer wirst.
Und auch die letzten Teilchen in dir kannst du entdecken,
kleine Spiralen, Würfelchen, Kristalle,
kleine Spitzen, Nadeln, kleine Kissen, Kugeln.
Alle möglichen Strukturen,
manche können so wirken wie Metall,
manche wie aus Holz, manche weich, manche hart,
manche sehen aus wie kleine Plättchen.

Sieh, wie du weicher wirst,
wie du fließender wirst,
dein ganzer Körper kann gereinigt werden von diesen Strukturen,
von diesen verhärteten Strukturen.
Sieh, wie es in der Gegend deines Nabels aussieht.
Bist du dort ganz weich und rein?
Oder gibt es dort schuppenartige Gebilde, Panzerungen?

Abgeflachte Strukturen?
Irgend etwas, das einen Ring gebildet hat?
Wo gibt es noch Ringe?
Wie sieht es in der Gegend deines Herzens aus?
Spüre, wie diese Strukturen sich auflösen,
metallartige Strukturen,
steinerne Strukturen,
Kristallstrukturen,
weiche, quallenartige Strukturen.

Und sieh, was noch an Farben in dir zusammenströmt.
Grau, was ist grau in dir?
Sieh, wie es immer schneller in der Wirbelsäule
zusammenströmt und
nach draußen fliegt.
Braun.
Was ist noch braun in dir?
Schau in dein Herz,
schau in deine Organe.
Was ist noch gelb in dir?
Schwefelgelb, quittengelb,
Was ist noch rot in dir?
Rotviolett . . .
violett . . .
purpur?

Sieh, wie die Farbwolken sich immer schneller
zusammenziehen und aus dir herausströmen.
Was ist noch schwarz?
Schwarze Bänder, schwarze Kugeln,
schwarze, quallenartige, kissenartige Gebilde.

Schau in deine Augen,
schau in deinen Kehlkpf, schau in dein Gehirn,
Strukturen wie Konfetti,
Kristalle, Würfel, harte Strukturen, weiche Strukturen
Nadeln,
kleine Platten.

Was ist blau?
Blaurot, blauschwarz?
Stählerne Strukturen, steinerne Strukturen.
Sieh, wie du immer freier wirst von diesen Strukturen,
laß sie zusammenströmen in der Wirbelsäule und
schick sie nach draußen,
laß sie zusammenströmen und schick sie nach draußen.
Sieh, wie dein ganzes System,
dein ganzer Körper sich immer mehr reinigt.
Und du fühlst dich freier und freier von diesen Strukturen.
Was strömt noch zusammen an orangen Teilchen?
Sieh deinen Unterleib,
spüre, wie er freier und reiner wird.
Werde klarer und klarer.

Und jetzt zieh die letzten Strukturen zusammen,
Pigmentwolken, Farbwolken
und auch durchsichtige Kristalle, durchsichtige Kugeln,
wurmartige Gebilde, Fäden,
seilartige Gebilde.
Laß sie in einem ständigen Strom in der Wirbelsäule
zusammenströmen und schick sie nach draußen.
Werde klarer und klarer.
Schau in deine Drüsen,
Schilddrüse,
Bauchspeicheldrüse, alle Drüsen,
Geschlechtsorgane.
Spüre, wie du reiner und reiner wirst.
Spüre, wie dein Körper von ganz alleine
diesen Vorgang vollzieht,
den Vorgang des Sichreinigens,
des Zusammenströmens von Strukturen in der Wirbelsäule.

Und sieh, wie die Strukturen nach draußen fliegen.
Und spüre, wie du leichter geworden bist.
Spüre, wie du klarer geworden bist, durchsichtig,
fließend,
wie ein klarer Gebirgsbach.

Weich, wohlig, fließend.
Und die allerletzten Farbpartikel strömen nach draußen
die letzten Strukturen lösen sich auf.

Du bist klarer und klarer.
Klar wie ein klarer Gebirgsbach,
klar wie ein Kristall.

Die Macht positiver Naturkräfte

Von der Natur lernen

Die Entdeckung des Bioprogramming

Während meiner Anfänge als Hypnosetherapeut benutzte ich noch Suggestionen wie »Sie werden ruhiger und ruhiger und entspannen sich immer mehr...« Bei den meisten Menschen wirken solche Worte, aber gerade bei denen, die Entspannung besonders nötig haben, versagen sie manchmal, weil die Worte ihnen ihre Verkrampfungen erst recht bewußt machen. Der Verstand widerspricht dann dem Therapeuten und sagt: »Der Mann hat gut reden, ich bin so angespannt und wenn es so leicht wäre, mich einfach zu entspannen, dann hätte ich es ja längst getan.«

Mancher widerspricht fast zwanghaft im Stillen jeder Suggestion, insbesondere dann, wenn die Realität sich erheblich vom Suggerierten unterscheidet; wer unter seiner Schuldenlast zusammenzubrechen droht, wird es wie Hohn empfinden, wenn ein »Positivdenker« ihm vorschlägt, sich doch immer wieder zu sagen: »Ich werde täglich reicher und reicher!« Ein Magenkranker könnte womöglich beginnen, seinen Magen um so schmerzhafter zu spüren, je mehr man ihm einreden will, der Magen fühle sich frei und leicht an. Statt den Patienten von seinen Schmerzen zu befreien, bringt man ihm den kranken Körperteil erst recht ins Bewußtsein, was therapeutisch zwar manchmal durchaus sinnvoll sein mag, aber keinesfalls den Wünschen des Hilfesuchenden entspricht.

Bei der Beschäftigung mit den Büchern des Hypnosetherapeuten Milton Erickson und seiner Schüler stieß ich auf die schon ausführlich erläuterte Technik der indirekten Suggestion, welche nicht einfach »Ich fühle mich besser und besser...« herunterbetet, sondern sagt: »Während ich tiefer und tiefer sinke, *kann* sich das Gefühl in meinem Magen *verändern.«* Erickson ging davon aus, daß das Unterbewußtsein seinen eigenen Weg finden wird, um den Körper sich wohl fühlen zu lassen. Außerdem benutzte Erickson eine ungewöhnliche Technik: Er erzählte kleine Geschichten, die den Klienten nicht nur ablenkten und fesselten, sondern ihm auch, oft versteckt, »Material« anboten, welches das Unterbewußtsein benutzen konnte, um selbst einen Weg zur Lösung des Problems zu finden.

Für Erickson lag die Lösung immer *im* Patienten; weder er selbst noch der Klient brauchten überhaupt zu verstehen, wie das Problem entstanden war, wodurch es festgehalten wurde und wie es dann gelöst werden würde.

Wichtig scheint dabei zu sein, daß das Unterbewußtsein endlich nicht mehr vom Verstand bei seiner Arbeit behindert wird – eben der Effekt, der auch bei der »Farbreinigung« eintritt.

Jedenfalls stellte ich fest, daß Menschen, die auf direkte Suggestionen bewußt oder unbewußt nicht reagierten, sich sehr wohl entspannen, wenn man ihnen beispielsweise langsam und ruhig beschreibt, wie eine Katze sich entspannt. Man stellt sich vor, wie die Katze sich wohlig streckt und gähnt, sich dann niederläßt, zu schnurren beginnt, man sieht die natürliche Eleganz, die Ruhe, die kuschelige Zufriedenheit der Katze, und diese Vorstellungen wirken auf den Körper des Hörers oder Lesers, vielleicht gar stärker als die Wirklichkeit selbst. Man *muß* sich entspannen, wenn man sich die natürliche Entspannung einer Katze plastisch vorstellt.

Viele Menschen machen sich nicht klar, wie stark Vorstellungen wirklich physisch wirken – in der Sexualität ist es noch offensichtlich, daß eine erotische Vorstellung extreme Veränderungen im Körper hervorrufen kann; vielleicht gar mehr, als die entsprechende reale Situation es könnte. (In der Sexualtherapie habe ich es oft erlebt, daß Menschen sehr verlegen werden, wenn sie mit einer realen Situation konfrontiert werden, die ihnen in ihrer Phantasie höchste Lust bereitet hatte.)

Auch wenn Sie sich ein leckeres Essen vorstellen, reagiert Ihr Körper, Ihr Magen knurrt vielleicht, im Mund bildet sich Speichel usw. Aber auch jede andere Art von Vorstellung wirkt auf diese Weise. Sie beschleunigen Ihren Puls zum Beispiel erheblich, wenn Sie nur an ein bevorstehendes unangenehmes Gespräch oder einen Auftritt vor Publikum oder eine peinliche Situation in der Vergangenheit denken. Wenn Sie einmal Menschen in Ruhe beobachten, so können Sie genau sehen, ob der Betreffende an seinen Urlaub zurückdenkt, oder an den Ärger im Büro oder an die bevorstehenden Weihnachtseinkäufe. Der gesamte Stoffwechsel verändert sich mit jeder Vorstellung, weil der Körper nicht weiß, ob die entsprechende Situation real oder vorgestellt ist – er reagiert einfach so, wie er es gelernt hat.

Wenn man einmal genau untersuchen würde, welche Arten von vorgestellten Situationen eine besonders starke Wirkung im Körper haben, so würde man wahrscheinlich feststellen, daß die Wirkung um so stärker ist, je mehr und je stärkere Eindrücke der Körper bereits mit dieser Situation gesammelt hat und je stärker er demzufolge bereits konditioniert ist. (Wenn ein Reiz für den Körper mit einer bestimmten Reaktion verknüpft ist, so nennt man das Konditionierung.) Von daher ist es einleuchtend, daß ein Mensch, der oft in seinem Leben Zurückweisung erfahren hat, schon ins Schwitzen gerät, wenn er sich ein Einstellungsgespräch oder ein Rendezvouz nur vorstellt. Der Körper versucht sich zu schützen und die Wiederholung der Situation zu vermeiden.

Nun gibt es solche Konditionierungen nicht nur in der individuellen Geschichte des Menschen, sondern auch in der Geschichte der menschlichen Rasse, ja praktisch in der gesamten Evolutionsgeschichte. Man könnte sagen, das Leben hat gelernt und sich weiterentwickelt, weil es immer besser mit einer feindlichen Umwelt umgehen konnte, und dies war eben nur durch Konditionierung möglich.

Konditionierung sorgt dafür, daß Entscheidungen automatisch getroffen und bestimmte Handlungsabläufe von selbst »abgespult« werden, denn wollte das lebende Wesen immer bewußt reagieren und entscheiden, dann würde das Leben schon auf der Zellebene sofort zusammenbrechen, weil bereits für einen Einzeller die physischen Reize so vielfältig sind und die Reaktionen so schnell erfolgen müssen, daß die Interaktion mit der Umwelt äußerst kompliziert ist.

Von daher ist es auch verständlich, daß alles, was mit Überleben zu tun hat, durch besonders starke Konditionierungen auch heftige Reaktionen im Körper auslöst. Nun ist die Reaktion um so stärker, je stärker die Konditionierung ist, und diese wiederum steht in direktem Zusammenhang mit der Häufigkeit der Wiederholung der entsprechenden Situation. Es ist klar, daß das Leben im Laufe der langen Evolution mit bestimmten Situationen sehr häufig konfrontiert war und entsprechend feste Konditionierungen geschaffen hat. Zum Beispiel: Ein Hund wird ins Wasser geworfen und kann auf jeden Fall sofort schwimmen, ganz gleich, ob er jemals Wasser gesehen oder gefühlt hat. Umgekehrt lösen natürlich Reize, die nicht seit langem in die Zellen oder Körper »eingebaut« sind, unvorhersehbare Reaktionen der Angst, Verwirrung aus: Ein Tier, das plötzlich auf eine belebte Straße gerät, wird nicht adäquat reagieren können, weil diese Situation nicht einprogrammiert ist.

Alle Strategien, welche die Natur seit langem benutzt, müssen zumindest fürs Überleben sehr geeignet sein, sonst hätten sie sich nicht bis heute erhalten. Allerdings leben wir in einer Zeit, in welcher so manches alte Programm unzeitgemäß wird und neue Programme sehr schnell entwickelt werden müssen, wenn man sich auch nur einigermaßen zurechtfinden will. Körperliche Gewalt wird zum Beispiel in unserer Zivilisation mehr und mehr eine eher schlechte Überlebensstrategie sein; an ihre Stelle treten geschäftliche Cleverneß, schnelles Kombinieren, geschicktes Reden usw.

Für die Technik des BIOPROGRAMMING habe ich nun sehr alte archetypische Strategien gewählt, die noch aus Zeiten stammen, als das Leben sich erst entwickelte. Man soll nicht meinen, daß solche Strategien nur bedingt beim Menschen einsetzbar seien – die Strategien des Baumes beispielsweise sind auch voll auf den Menschen anwendbar. Denn das Leben hat sich aus dem unbelebten Physischen entwickelt und lebt weiter in diesem »Medium« des Physischen. Es muß dessen Gesetze anwenden, und zwar noch viel flexibler, als beispielsweise ein Stein, der wegrollt, wenn man ihn anstößt, der aber nicht »wegläuft«, wenn ein großer Felsbrocken auf ihn zu fallen droht.

In *»Weisheit aus dem Unbewußten«* habe ich mehrfach das Beispiel des Flusses benutzt; viele Menschen sind erstaunt, wie viele Strategien der Fluß (natürlich nicht bewußt) anwendet und wieviel davon man auch als Mensch benutzen kann.

Hier nun zwei Trancetexte: BAUM und KRISTALL.

Der Baum hat im Laufe seiner unendlich langen Evolutionsgeschichte unglaublich viele, offensichtlich (bislang) erfolgreiche Überlebensstrategien gelernt, die Fülle des Materials wird Sie überraschen. Die Wirkung des Textes entsteht durch das Wiedererkennen der Strategien und die Vorstellung der Strategien regt Sie wiederum dazu an, dieselben in Ihrem Leben anzuwenden – dort, wo es sinnvoll ist. Vertrauen Sie darauf, daß es von allein geschieht. All meine Erklärungen wären für die Wirkungsweise der Texte nicht nötig, sie sind lediglich ein Zugeständnis an die Strömung der Zeit, in der wir dem Intellekt unverdientermaßen mehr Energie geben, als der Intuition. Ich hoffe jedoch, daß ich durch dieses Buch nicht zuletzt dazu beitrage, daß wir dem Gefühl, der Intuition, der Macht der unterbewußten Kräfte in uns wieder den Platz einräumen, der ihnen gebührt.

Deren Überlegenheit wird in allen Bereichen des täglichen Lebens ganz offensichtlich, und dennoch überbetonen wir das Denken in unserer Zivilisation.

Die Bäume haben aus der Erde ein Paradies gemacht, ohne je zu denken. Hoffentlich lernen wir noch rechtzeitig von ihnen und beenden den Kampf gegen unsere uralten Freunde, ohne die wir nicht leben können.

Lerne von den Bäumen

Du hast einen Körper,
der funktioniert.
Du fühlst,
daß du lebst,
in einer Umgebung,
die dich schützt,
die dich versorgt ...
Und du hast viele Möglichkeiten,
wenn einmal Ordnung geschaffen ist.

Die Grundlage ist da,
der Same ist gelegt.
Der Same muß jetzt nur herausfinden,
wie der Baum aussehen soll,
der daraus werden wird.

Ein Menschenleben verläuft nach natürlichen Gesetzen
und dies sind nicht immer die Gesetze der Logik,
denn die Natur ist nicht logisch.

Die Natur ist intelligent,
und du kannst von der natürlichen Intelligenz lernen.

Bäume zum Beispiel
sind äußerst intelligente Lebewesen,
und so alt ...

Du kannst von ihnen lernen,
zu leben, richtig zu leben.

Wenn du dir vorstellst, wie ein Baum
wächst,
wie er sich aus einem winzigen Samen entwickelt ...
Die Intelligenz ist schon im Samen:
Er findet den richtigen Boden,
er findet die richtige Umgebung.

Schau dir Samen von Bäumen an:
Sie können sehr weit reisen,
manche haben kleine Fallschirme,
manche können segeln,
manche können wie ein Hubschrauber fliegen,
und manche lassen sich einfach nach unten fallen,
werden von Tieren gefressen,
und reisen in deren Magen und Darm,
zu neuen Plätzen.

Manche Samen sind leicht
wie weiße Wattebällchen, wie weiße Wölkchen...
und sie fliegen weit übers Meer,
und andere reisen auf dem Wasser.
Sie schwimmen und schwimmen
zu fernen Inseln.

Die Samen der Bäume sind die ersten Reisenden gewesen,
sie konnten die ganze Erde bevölkern,
selbst die kleinsten und fernsten Inseln.
Sie haben die Welt zivilisiert,
sie waren gute Kolonialisten.

Hubschrauber, Segelflugzeuge, Schiffe,
all das hat der Baum »erfunden«.
Der Mensch hat es nur nachgeahmt.

Und ein Baum ist immer in perfekter Harmonie:
Er breitet seine Äste nur in dem Maße aus,
wie seine Wurzeln im Boden verankert sind.
Er ist immer im Gleichgewicht.

Er paßt sich perfekt an,
im Gebirge bleibt er klein,
und scheint auf den Felsen zu kriechen,
und in der weiten Ebene breitet er seine Krone majestätisch aus,
hoch über dem Boden...
Bäume sind auch perfekte Architekten, Statiker,

alles, was der Mensch auf diesem Gebiet weiß,
hat er ursprünglich vom Baum gelernt!

Schau dir Kathedralen an:
Die alten Konstrukteure haben mit ihren Säulen und Arkaden nichts anderes getan, als den Baum nachzuahmen.

Und man scheint manchmal
in einem Wald
das Gefühl zu haben, man sei in einer Kathedrale.
Und das ist die Stimmung, die der Baum verbreitet:
diese Ruhe, dieser Frieden,
dieses Gefühl, als ob
die Welt ein Heiligtum wäre –
und die Welt ist ein Heiligtum.

Und wenn du dir klarmachst,
wie der Baum durch seine feinsten Wurzelspitzen
seine Nährstoffe aufnimmt,
das Wasser,
die Spurenelemente,
und wie er das alles aufsteigen läßt, der Schwerkraft entgegen,
durch den Stamm und bis in die Äste und die Zweige in die feinsten
Kapillaren der Blätter...

Der Baum ist immer im natürlichen Gleichgewicht.
Seine Wurzeln sind im Gleichgewicht mit der Krone.
Er wächst niemals höher,
als die Gesetze der Statik und der Hebelwirkung und der Aerodynamik es ihm erlauben.

Und er ist ein soziales Wesen:
Er duldet seine Freunde um sich herum.
Nicht, daß er andere Bäume zu dicht an sich heranläßt...
es sei denn allerengste Verwandte,
aber er liebt es,
gemeinsam mit anderen
zu wachsen.

Die Bäume in einem Wald schützen sich gegenseitig:
Ein einzelner Baum kann nur selten überleben,
im Sturm, im Wind...
aber ein Wald
ist ein Schutz
für alle Bäume,
die in ihm sind.

Und Bäume halten einen natürlichen Abstand.

Sie können sich perfekt an die Gegebenheiten anpassen.
Es gibt Bäume, die im sandigen Boden lange Pfahlwurzeln bilden,
es gibt Bäume, die ihre Wurzeln durch Felsen bohren,
es gibt Bäume, die flach in den oberen Schichten des Bodens wurzeln,
es gibt Bäume, deren Wurzeln zu kriechen scheinen in einer dünnen Humusschicht,
es gibt Bäume, die sich im Wasser wohl fühlen...
Und auch den Jahreszeiten passen sie sich perfekt an,
im Frühling warten sie auf die Wärme, auf die Sonne...
wenn ein später Frost kommt, dann machen sie einfach Pause
und treiben später weiter, schlagen aus, blühen...

Und im Herbst reifen die Früchte,
zu ihrer Zeit,
und der Baum kümmert sich nicht darum,
was mit den Früchten geschieht...
Der Mensch versucht hauszuhalten
mit seiner Kreativität,
er möchte seine »Perlen nicht vor die Säue werfen«,
der Mensch ist ein Geizkragen.
Aber der Baum ist intelligenter, er weiß:
Je mehr Früchte er erzeugt,
um so mehr neues Leben entsteht.

Du kannst die Erfahrung machen:
Je mehr du es fließen läßt,
je mehr du verströmst,

je mehr du verschenkst,
um so größer wird dein Potential,
um so größer wird deine Produktivität,
um so größer wird deine Kreativität.

Schau dir all die Blüten an, im Frühling,
Tausende, Millionen, Milliarden von Blüten.

Und alles
steht der Welt zur Verfügung,
dem Menschen, sich daran zu freuen,
den Bienen, sich damit zu ernähren,
dieser Duft,
dieser Überreichtum ...

Und wenn im Herbst die Früchte reifen,
Tausende von Äpfeln, Kastanien, Eicheln.
Und jeder kann sich nehmen, was er möchte ...
Der Baum wünscht es sogar,
der Apfelbaum zum Beispiel weiß,
daß die Kerne irgendwo anders wieder ausgeschieden werden,
dies ist seine besondere Art zu reisen ...

So entsteht neues Leben,
so verbreitet sich die göttliche Lebensenergie.

Manche Bäume
arbeiten geradezu darauf hin,
daß ihre Früchte gegessen werden,
sie locken Mensch und Tier mit leuchtenden Farben,
rote, gelbe, blaue Früchte ...
aber erst wenn die Früchte reif sind, werden sie angemalt.

Und die Mathematik, die du in der Schule lernst, zählt nichts für den Baum.
Sie ist falsch, schlichtweg falsch.
Ein Apfel
kann tausend Äpfel bedeuten, Millionen Äpfel, Milliarden –
dies ist die Mathematik der Bäume,
eine natürliche Mathematik,

eine Mathematik, nach der die ganze Welt funktionieren könnte,
auch der Mensch.

Diese Mathematik ist nicht eindimensional,
bei der Potenzierung der Äpfel
spielt der Zeitfaktor eine Rolle,
spielen die Bedingungen eine Rolle.
Wie viele Äpfel aus einem Apfel entstehen, hängt von den Bedingungen ab.
Und du kannst deine Bedingungen verbessern.
Und deine Bedingungen verbessern sich
zum Beispiel dadurch, daß du
gibst.
So wie der Baum.
Warum fühlt man sich so wohl im Wald?
Warum sitzt man gerne unter einem Baum?
Weil der Baum eine Atmosphäre verbreitet,
eine ruhige Atmosphäre,
eine Atmosphäre, die vom Göttlichen erfüllt ist.
Und warum kann der Baum diese Atmosphäre verbreiten?
Weil er auf dieser Frequenz schwingt.

Setz dich unter einen Baum,
genieße die Kühle des Schattens,
genieße den Schutz vor dem Regen,
genieße die Geborgenheit, die der Baum vermittelt.

Und du kannst etwas von der Ausstrahlung des Baumes in dein Leben hineintragen.
Und dazu gehört, daß andere Wesen
zu dir kommen, deinen Schutz suchen,
sich von dir ernähren.
Der Baum liebt es, wenn der Specht
an seinem Stamm anklopft,
sich an den Käfern und Insekten labt,
und der Baum hat gar nichts gegen die Käfer und Insekten,

er nimmt sie hin als Teil seiner Welt, seiner Kreatürlichkeit,
als Teil seiner Natur.
Er liebt es, wenn die Vögel in seinen Zweigen Nester bauen
und brüten
und zwitschern.

Hast du schon einmal gesehen
wenn Tausende von Vögeln sich auf einem einzigen Baum niederlassen?
Hast du schon einmal einem solchen Konzert gelauscht,
am Abend,
wenn die Sonne gerade untergeht?
Der Baum vibriert
mit diesem Zwitschern
aus Tausenden von kleinen Kehlen und Schnäbeln.

Der Baum liebt alles,
was ihm geschieht,
er liebt es, wenn der Wind
seine Blätter streichelt,
er liebt das Rascheln, das Klingeln,
das Sausen der Wipfel...

Hast du schon einmal gehört, wie ein Tannenwald rauscht?
Hast du schon einmal beobachtet, wie die Wipfel sich hin- und herbewegen,
schwingen, tanzen...?

Es kann sein, daß der Baum den Wind benutzt, um zu sprechen.
Setz dich einmal in einen Wald und beobachte,
wie sich die Blätter bewegen,
auch wenn kein Wind geht.
Es ist, als ob der Baum dir zuwinkt,
dir versucht, seine Geschichte zu erzählen,
seine Millionen Jahre alte Geschichte.
Es ist, als ob der Baum versucht, dich zu lehren,
dich zu erziehen...

Selbst bei absoluter Windstille kann es geschehen,
daß plötzlich ein einzelnes Blatt
zu zittern beginnt.
Und es erinnert an eine winkende Hand.
Vielleicht haben die Menschen
diese Geste von den Bäumen übernommen...

Der Baum akzeptiert, was auch immer ihm geschieht.

Er akzeptiert den Regen,
er akzeptiert die Sonne,
er akzeptiert
den Sturm,
er akzeptiert sogar den Blitzschlag!
Auch das ist Teil der Natur...
und er weiß: »Ich werde wiederkommen,
Tatsache ist, daß ich schon da bin,
mein Bewußtsein ist längst
übergegangen auf die Samen,
die ich erzeugt habe...
Die Natur schwingt mit meinem Bewußtsein, und es kommt nicht darauf an,
ob ich als Individuum noch da bin oder nicht.«

Und es ist erstaunlich: Manche Bäume, die vom Blitz getroffen wurden,
beginnen nach einiger Zeit wieder zu treiben.
Und bis dahin kann es sein, daß der Baum eben Musik macht...
manche gespaltenen Stämme brummen im Wind,
knarren im Wind...
Tatsache ist, daß die Bäume immer Musik machen,
die Schwingungen sind nur zu tief für unsere Ohren.

Lerne von den Bäumen,
dieses Leben zu genießen,
diese Natur zu genießen
und diese Welt schöner zu machen.

Es ist kein Zufall,
daß die Bäume von dem Kohlendioxyd leben,
das wir produzieren,
und daß wir vom Sauerstoff leben, den die Bäume produzieren.
Es gibt eine Symbiose zwischen Mensch und Baum.
Und es wäre Zeit für die Menschheit,
unseren Bruder, den Baum,
mehr zu achten, mehr zu lieben,
es wäre Zeit für uns,
seinen Geist
in uns aufzunehmen.

Es kann sein, daß die Bäume versuchen,
uns zu lehren,
weil sie auf uns angewiesen sind.
Es kann sogar sein, daß die Bäume uns herangezogen haben
als Gegenstück,
denn je mehr Menschen leben, um so mehr Kohlendioxyd wird produziert.
Wenn wir die Chance der Umkehr nicht wahrnehmen,
dann wird der Baum uns vielleicht wieder fallenlassen,
das Experiment Mensch beenden.
Und ich bin sicher,
die Bäume haben die innere Ruhe,
das innere Gleichgewicht,
die innere Harmonie,
um jeden Sturm, jedes Unwetter,
jede Katastrophe
zu überstehen.
Jede Zelle des Baumes hat soviel Erfahrung,
hat soviel Wissen gesammelt,
ist so anpassungsfähig . . .

Bäume sind unsere Freunde,
unsere Geschwister,
und sie beobachten unser Tun
lächelnd,
winkend.

Und es gibt Bäume, die viele tausend Jahre alt sind,
gegen die Schwerkraft wachsen sie zum Himmel
und breiten ihre Fühler aus,
breiten ihre Antennen aus,
Antennen für die göttliche Energie.
Und sie sind so schön,
nie wirst Du einen häßlichen Baum finden.
Jedes Blatt ist ein Kunstwerk,
und im Herbst spüren es die Menschen besonders,
jeder Ast ist ein Kunstwerk,
jedes Stück Rinde ist ein Kunstwerk.

Wenn du so natürlich bist wie ein Baum,
dann wirst du so schön wie ein Baum.
Wenn du so natürlich bist wie ein Baum,
dann wirst du so ruhig wie ein Baum.
Wenn du dir das Wissen der Bäume aneignest,
wirst auch du ein Empfänger für die göttliche Energie,
wirst auch du ein Beispiel, wie man die Materie
in Schwingung umwandelt.

Und der Baum ist nicht nur ein Empfänger für göttliche Energie,
sondern er ist auch ein Sender.
Und jeder spürt es,
jeder Mensch wird religiös,
wenn er zum Beispiel diese unglaublichen,
domartigen Wälder der kalifornischen Redwoods betritt.
Die Indianer wußten dies alles, die Redwoods waren heilige Wälder.
Man mag dort niederknien,
wenn die Sonnenstrahlen schräg durch die riesigen Kronen einfallen.

Der Baum hat den Menschen herangezogen,
alles, aber auch alles verdanken wir dem Baum,
denn ohne Bäume hätte es niemals Feuer gegeben,
niemals Häuser gegeben,

niemals Dächer gegeben.
Die Erfindung des Rades war nur mit dem Holz der Bäume
möglich,
der Pflug bestand aus Holz
und die Flöte.
Ohne Holz hätte man das Papier nicht erfinden können,
hätte man den Buchdruck nicht erfinden können,
hätte man das Gummi nicht erfinden können
und das Öl.
Ohne Bäume gäbe es keine Kohle auf der Erde,
und die Bäume haben nicht soviel dagegen,
wenn wir sie verbrennen, denn auch das erzeugt Kohlendioxyd
Sie haben nur etwas gegen sinnlose Verschwendung
für häßliche oder nutzlose Dinge.
Die Menschheit wäre ohne Bäume nicht möglich gewesen.

Aber, weißt du es zu schätzen?
Gehst du mit den Geschenken der Bäume vernünftig um?

Und noch immer schützen und pflegen uns die Bäume,
sie schützen uns vor Erdrutsch und Lawinen,
sie halten den Humus mit ihren Wurzeln.

Wenn du einen Hang hinaufkletterst, kannst du es sehen,
wie ihre Wurzeln die Erde halten – quer zum Hang,
nicht etwa in Längsrichtung,
und sie bilden Treppenstufen,
der Baum hat sogar die Treppe »erfunden«.

Nichts auf der Welt ist so nützlich wie der Baum,
und es macht ihm Freude, nützlich zu sein.
Es ist offensichtlich, daß die Bäume es genießen,
schau sie dir an:
in einer Gegend mit reiner Luft, in den Tropen zum Beispiel
auf einsamen Inseln ...
solche Freude,
solche Schönheit,
wunderschöne, duftende Blüten,

diese Feinheit,
diese Symmetrie,
diese Farben,
diese Ornamentik ...
Tatsache ist, daß alle Schönheit ursprünglich von den Bäumen stammt.
Wo gibt es diesen Formenreichtum sonst?
Diese Vielfalt der Blätter, Zweige, Ranken,
Girlanden, Schnörkel ...
Ganze Kunstrichtungen sind entstanden durch das Studium der natürlichen Formen des Baumes.
Die Kunst des Islam,
die mittelalterliche Kunst,
der Jugendstil ...
Der Baum hat unser ästhetisches Empfinden geprägt.

So – lerne von den Bäumen in jedem Bereich,
ganz gleich, was es ist.
Lerne,
so fest im Boden zu ruhen,
sich so geborgen zu fühlen am Schoß der Mutter Erde,
Lerne,
dich so perfekt anzupassen,
an jede Art von Boden ...
lerne,
dich so perfekt anzupassen,
an Zeiten
wie den Winter
oder an Dürreperioden.
Bäume können aus nichts etwas machen.
Es gibt Gegenden ohne einen Tropfen Wasser,
und doch mag es dort Bäume geben.
Lerne,
dieses Gleichgewicht herzustellen,
zwischen dem, was dich im Boden festhält,
was dir Heimat gibt,
was dir Kraft gibt,

und dem, was du dann im selben Maße ausstrahlen, geben kannst.

Wurzle im Boden
und wachse in den Himmel.
Verströme deinen Duft,
deine Blüten,
deine Früchte,
breite deine Flügel aus.

Werde sozial wie ein Baum:
Die richtige Distanz, der richtige Abstand,
nicht zu weit und nicht zu nah.
Breite deine Blätter in die Richtung der Sonne aus,
in die Richtung der Energie,
schicke deine Wurzeln zum Wasser,
zu den Nährstoffen.
Und im Dunkeln falte deine Blätter zusammen,
wie es manche Bäume tun.

Und setz dem Wind keinen Widerstand entgegen,
bleibe flexibel,
bleibe biegsam.

Biete dem Schutz, der ihn braucht,
werde eine Freude für die Welt,
ohne nach dem Lohn zu fragen,
ohne eine Gegenleistung zu erwarten,
einfach nur, weil du selbst dich freust.

Akzeptiere,
was auch immer dir geschieht,
und werde so ruhig und gelassen
wie ein Baum.

Werde so flexibel, so biegsam wie der Baum.

Die göttliche Energie ist eine Schwingung,
und Schwingungen können etwas anderes nur zum Schwingen bringen,

wenn es flexibel ist.
Eine starre Saite kann nicht schwingen.

Der Baum muß schwingen,
er könnte nicht leben, wenn er nicht schwingen würde,
er müßte zerbrechen, wenn er nicht schwingen würde.

Wenn du so gerade und aufrecht gehst und stehst
wie eine Tanne,
dann kann die göttliche Energie in deiner Wirbelsäule
schwingen.
Die alten Meister haben dies hervorgehoben,
die indischen Yogis ahmen mit ihrem Lotossitz die Haltung der
Bäume nach.

Du wirst niemals einen krummen Heiligen finden.
Probiere es aus,
nimm eine Haltung ein, die der Haltung des Baumes ähnelt,
und augenblicklich kannst du das Strömen spüren,
dies muß das Gefühl sein,
das die Bäume immer haben,
wenn ihre Säfte im Stamm steigen
und die Wärme der Sonne in sie eindringt.

Trage dein Haupt erhoben wie ein schlanker Baum,
und du spürst die göttliche Energie in dir.

Der Baum ist ein wunderbarer Lehrmeister
des Lebens,
der Kreativität,
des Heiligen,
des Göttlichen,
des uralten Wissens,
der Transformation.

Der Baum verwandelt den Fels
in göttliche Energie.

Und wohlgemerkt,
er ist nicht religiös,

er meditiert nicht,
er glaubt nicht an Gott,
er betet nicht,

er lebt es einfach.

Er ist der wahre Alchimist,
er verwandelt das Grobstoffliche
in den Hauch, den Duft des Göttlichen.
Und vielleicht läßt ihn dies so alt werden,
nicht nur den einzelnen Baum,
sondern auch die Rasse.

Werde so schön wie der Baum,
so reich,
so zufrieden,
so wohlig,
so harmonisch.

Werde solch ein lebendiger Gottesbeweis,
preise die Schöpfung
durch dein Da-Sein.

Das Geheimnis der Edelsteine

Es gibt sicherlich viele Gründe, warum wir Menschen seit jeher von Edelsteinen fasziniert sind. Einer der tiefer liegenden ist sicherlich die Tatsache, daß die meisten eine regelmäßige Kristallform besitzen. Der Schliff versucht sich dieser natürlichen Form anzupassen, bzw. nutzt die kristalline Struktur.

Die folgenden beiden Texte stammen aus einem in Trance gehaltenen Vortrag über Kristalle. Auch wenn Sie auf Anhieb nicht alles verstehen – Ihr Unterbewußtsein wird die wichtigen Informationen für Sie herausfinden.

Beide Texte könnnen nach entsprechender Kürzung auch als Trancetexte eingesetzt werden – fügen Sie eigene Suggestionen hinzu.

Werde wie ein Kristall

Kristalle sind
kleine Teile der physischen Welt,
die sich höher verwirklicht haben,
als die große Masse der Materie.

Kristalle sind Teile der Schöpfung, die in sich
geordneter sind als andere Teile.
Und du kannst werden
wie ein Kristall.

Allein schon das Wort »Kristall«
ist ein reines Wort.
»Christ« –
und – »All« . . .
Kein Zufall!

Der Klang,
die Ähnlichkeit mit anderen Worten,
die Assoziationen, die ausgelöst werden . . .
Unabhängig vom eigentlichen Wortstamm
hat dieses Wort »Kristall« seine eigene Magie.
Und diese Magie
hängt auch damit zusammen, daß es
so rein geblieben ist,
wie der Gegenstand, den es beschreibt. Tatsache ist, daß
Kristalle
fast schon keine Gegenstände mehr sind, sie sind ein
Bindeglied zwischen dem, was tot ist,
scheinbar tot ist,
und dem, was lebt.
Sie haben eine Eigenschaft des Lebens bereits angenommen:
Sie wachsen.
Der Biologe mag leugnen,
daß irgendein Zusammenhang besteht
zwischen lebendigen Wesen und Kristallen

oder daß Kristalle einen Abschnitt
auf der Skala der Evolution darstellen, aber
die wahren, tieferen Gesetze funktionieren anders.
Das Gesetz des Lebens ist nicht ein rein biologisches
oder rein physikalisches Gesetz.
Und in einer gewissen Weise haben die alten Weisen recht,
wenn sie sagen,
das Mineralreich sei eine erste Form des Lebens.
Mineralien treten meist in Kristallform auf.
Und was heißt »Kristallform«? Kristallform heißt,
die Moleküle sind geordnet.

Im Menschen sind die Moleküle auch geordnet
nach viel komplizierteren Mustern als in den Kristallen.
Wenn du dir Modelle der Aminosäuren anschaust...

Aber in dir sind auch viele, viele Kristalle.
Frage einen Mediziner,
wieviel verschiedene Kristallformen du in deinem
Urin hast, zum Beispiel,
oder in deinem Blut. Wenn du ein Tröpfchen Blut eintrocknen
läßt:
Tausende von Kristallen veschiedener Formen, verschiedener
Farben.

Und es ist kein Zufall,
daß Menschen sich seit jeher mit Kristallen abgeben und
umgeben,
daß Kristalle für sie eine Magie haben,
denn was auch immer du in deiner Umgebung
siehst, wahrnimmst,
bildet sich in dir ab, beeinflußt dich.
So, wenn du lange einen Kristall anschaust, nimmst du etwas an
von
seinen Eigenschaften.

Und wenn du studierst, wie ein Kristall entsteht,
kannst du lernen, wie du
zum Kristall werden kannst.

Ein durchsichtiger Kristall zu sein heißt, daß du jede Farbe
des Spektrums sowohl erzeugen
als auch reflektieren kannst.
Es hängt nicht mehr von dir ab,
oder weniger von dir.
Es hängt eigentlich vielmehr von deinem Gegenüber ab.

Je nachdem, was der andere ausstrahlt oder
welchen Standpunkt er einnimmt,
kann ein Kristall
spiegeln, zurückspiegeln,
die Strahlung zurückwerfen,
aber oft nicht auf denjenigen, der sie ausgesandt hat.
Strahlungen werden im Kristall abgelenkt, umgelenkt,
verdoppelt.
Wie in einem Prisma.

Ein Effekt,
der in der Nähe von Meistern und Gurus zu beobachten ist.
Der Meister nimmt etwas auf
von seinem Gegenüber
und spiegelt es zurück auf einen Dritten.
In Encountergruppen zum Beispiel benutzt man diesen Effekt.
Der eine ist aggressiv,
und der andere
braucht gerade diese Aggressivität.
So, der Gruppenleiter wird den Spiegel seiner Persönlichkeit,
eine bestimmte »Facette« seines Wesens,
haargenau so drehen und einstellen,
daß er diese Energie des einen aus einer Ecke des Raumes
genau auf den richtigen Menschen in der anderen Ecke
hinüberstrahlt.

Für einen Kristall ist dies nicht schwer.

Für einen festen Körper,
der vielleicht noch eine bestimmte Farbe hat,
ist es unmöglich.

Selbst ein Spiegel hat damit Schwierigkeiten.

Aber ein Kristall kann die Strahlung sogar umlenken
auf etwas, das hinter ihm liegt.

Ein Kristall ist ein fast universales Instrument,
um Strahlungen verschiedenster Art umzulenken,
zu manipulieren,
zu neutralisieren.

Und es gibt Menschen, die wie Kristalle sind:
Diese Menschen sind vielleicht einfach nur da,
und wenn du vor ihnen stehst, kann es sein,
daß sie einfach das zurückspiegeln, was du bist,
oder einfach das hindurchlassen oder das ablenken oder das aufteilen,
was auch immer du aussendest,
je nachdem, wo du gerade stehst.

Wenn du die Welt durch solch einen Menschen hindurch siehst
dann kann es sein, daß die Welt sich total verändert,
daß du plötzlich Dinge wahrnimmst,
die du noch niemals vorher gesehen hast.
Du wirst durch solche Menschen verwandelt.

Ein Kristall
kann das Licht der Sonne,
das sich zusammensetzt aus allen Farben des Spektrums
aufspalten und kann
sagen: »Schaut,
das ist alles da.
Es ist alles eins, es ist alles die gleiche Energie.
Nur wenn Ihr gewählt habt,
seht Ihr das Rot oder das Gelb oder das Grün oder das Violett
Aber dies alles ist eins, es gehört alles einer Quelle an.
Es ist ein Licht. Es gibt keinen Gegensatz.«

Vorhin habe ich davon gesprochen, daß
sich das Rot durch einen Blauanteil ins Gegenteil verwandeln kann,

aber es gibt nicht wirklich ein Gegenteil,
es ist lediglich so, daß du bestimmte Linien
herausnimmst
aus dem breiten Spektrum
des sichtbaren Lichtes.
So, wie man das *eine* weiße Licht
aufspalten kann,
so kann man die *eine* göttliche Energie aufspalten.

Tatsache ist, daß das die Menschen tun, pausenlos.
Sie trennen das Zusammengehörige,
sie unterscheiden,
sie grenzen ab.

Die göttliche Energie,
die mit dem Sonnenlicht vergleichbar ist,
strahlt auf alles gleichermaßen.
Und die Gegenstände wählen aus, was sie reflektieren,
oder was sie in sich hineinnehmen,
je nach Oberflächenbeschaffenheit.

Und genau das gleiche tun die Menschen mit der göttlichen Energie.

Und deshalb sagen die einen dies und die anderen jenes,
finden die Menschen das eine gut und das andere schlecht,
nicht bemerkend,
daß alles EINS ist.

Die einen sehen das »Gute«
und die anderen das »Böse«.
Aber »gut« und »böse« sind nur
schmale Linien im reinen Spektrum aller Farben.
Der klare Kristall kann es zu weißem Licht vereinigen,
und er kann das weiße Licht aufteilen,
in das ganze bunte, breite, wunderbare Spektrum.

Wie entstehen Kristalle?

Manche Kristalle wachsen schnell,
andere brauchen Jahrmillionen.

Viele Kristalle sind entstanden aus heißen Gesteinsschmelzen
die aus dem Erdinneren drangen.
Und je nach der Geschwindigkeit,
mit der dieses flüssige Gestein abgekühlt ist,
konnten sich kleinere oder größere Kristalle ausbilden.
Eine Masse, die augenblicklich erstarrt,
hat eher mikrokristalline Strukturen,
eine Masse, die ganz langsam erstarrt,
erzeugt größere Kristalle.

Man stellt sehr klare Steinsalzkristalle her,
indem man Salz bei hoher Temperatur verflüssigt,
und dann langsam abkühlen läßt.
Sehr langsam, jeden Tag nur Tausendstel von Graden.
Es dauert Jahre,
bis ein nur faustgroßer Kristall gewachsen ist.
Ein solcher Kristall kann aber nur entstehen,
wenn ein Impfkristall in die Masse hineingebracht wird.

Und du hast in dir einen solchen Impfkristall.
Es gibt etwas in dir, was bereits die Qualität
des fertigen Kristalls besitzt.
Und du kannst diesen Impfkristall in dir
spüren,
in deiner Mitte,
in deinem Zentrum.
Du kannst spüren, daß dort ein
Punkt ist, eine Stelle,
in der alle Bewußtseinsmoleküle wohlgeordnet sind
in einem definierten Muster.

Ordnung heißt, daß die einzelnen Teile
voraussagbar,
– falls man die Ordnung begriffen hat –,
an bestimmten Punkten
angeordnet sind.

Ordnung heißt,
daß bestimmte Teile von dir, die sich von anderen Teilen unterscheiden,
in definierten Bahnen sich bewegen.
Auch die Moleküle im Kristall bewegen sich
je nach Temperatur, aber sie schwingen um einen festen Punkt herum,
es herrscht Harmonie.

Harmonie ist eine Ordnung, die lebendig ist,
die schwingt.

Es ist nicht eine Ordnung, die
per Gesetz ver-ordnet wird, sondern eine
natürliche Ordnung.
Etwas, das sich ergibt, wenn das freie Spiel der Naturkräfte
eine Zeitlang
in einem abgeschlossenen System
sich entfalten durfte.

Und es ist interessant, daß alle Weisen dieser Welt
mit anderen Worten von den gleichen Dingen sprechen,
oder auch mit den gleichen Worten.
Das liegt auch daran, daß in diesen Menschen
eine Ordnung herrscht.
Eine Ordnung der Gedanken,
eine Ordnung
der Moleküle,
eine Ordnung des Bewußtseins.

Wenn du diesen Impfkristall
in dir findest, – und er ist bereits vorhanden –,
dann werden sich alle
Moleküle deines Bewußtseins
um diesen Kristall herum an-ordnen.
Und der Kristall wächst.

Und es ist seltsam, daß man diesen Vorgang wirklich im Körper spüren kann.

Man sagt,
bei einem Menschen kristallisiert sich etwas heraus,
man sagt, ein Mensch gewinne Klarheit.

Die Klarheit eines Kristalls
beruht auf der Ordnung,
die in ihm herrscht.
Die Klarheit des Kristalls
bedeutet
Durchsichtigkeit, bedeutet
Durchlässigkeit.

Durchsichtigkeit und Durchlässigkeit heißt,
daß die Farben,
besonders jene, die andere aussenden mögen,
auch durch den Kristall hindurch
noch wahrgenommen werden können,
daß sie durch den Kristall hindurchgehen.

Durchlässigkeit bedeutet,
daß Energien, welcher Art auch immer,
durch den Kristall hindurchgehen, ohne ihn zu beeinflussen.

Kristalle schlucken einen gewissen Prozentsatz des Lichts,
aber je reiner sie sind,
um so weniger schlucken sie.

Allerdings:
Wenn du wirklich absolut klar und rein bist,
bist du kein Kristall mehr, sondern dann bist du
leerer Raum.

Aber das Kristallstadium
ist schon ein sehr hohes Stadium menschlicher Verwirklichung.
Wenn du zum Kristall wirst,
wirst du durchlässig
für alles, was um dich herum geschieht, und dann spielt es keine Rolle,
wo auch immer du dich aufhältst.

Die Energien
gehen durch dich hindurch.
Du bleibst unbeeinflußt.
Und du kannst
dich überall aufhalten: im Kaufhaus, auf dem Marktplatz,
unter Händlern und Gauklern,
ganz gleich,
alles geht durch dich hindurch,
ja, du erfreust dich an allen Menschen.
Und, wenn du Kristall bist,
kommt noch etwas hinzu:
Die Fähigkeit, zu schwingen.

Bergkristall, Quarz
wird benutzt, um beispielsweise Radiosender
in ihrer Frequenz zu stabilisieren,
weil Quarzkristalle aufgrund ihrer molekularen Struktur,
aufgrund der Ordnung, die in ihnen herrscht,
besonders gut schwingen können.

In der Quarzuhr schwingt ein Bergkristall,
weil seine Schwingung so stetig, so konstant ist.

Und Kristalle können Licht erzeugen:
im Feuerzeug, zum Beispiel,
im Gasanzünder
wird ein Quarzkristall kurzzeitig zusammengepreßt,
und ein Funke entsteht.

Ganze Berge können diese Energie aussenden,
wenn Spannungen in der Erdoberfläche, in der Erdkruste
die Kristalle, aus denen der Berg besteht,
zusammenpressen und dann entspannen,
ganze Berge können so zu leuchten beginnen.

Kristalle können zum Leuchten gebracht werden,
indem man sie zum Schwingen anregt.
Manche Laser
funktionieren nach diesem Prinzip.

Und Laser senden ein reineres Licht aus,
als der Glühfaden in einer Glühbirne.

Auch da die Analogie zum Geistigen:
Es gibt Menschen, die sehr starke Strahlen aussenden,
aber die Lichtimpulse sind ungeordnet.

Ein Laser sendet geordnete Lichtimpulse,
die Photonen werden alle im gleichen Takt gesendet.
Und das Laserlicht ist dadurch äußerst durchdringend.

Und du kannst zu einem Laser,
zu einem Sender von Laserlicht werden,
und dieses Licht ist unwiderstehlich,
es durchdringt alles.
Dieses Licht kann
Materie durchdringen,
Laserstrahlen können Metalle durchdringen.
So stark ist dieses Licht.

Man wird zum Kristall, indem man
den Impfkristall, den Ursprungskristall wachsen läßt.
Langsam,
beharrlich.
Und man konzentriert sich immer wieder auf diesen
inneren Kristall der Mitte.
Und alles um dich herum
ordnet sich diesem Prinzip unter.
Jeder Mensch hat diesen Impfkristall in sich,
jeder hat diesen Kern in sich, den göttlichen Kern.

Aber wer diesen Kern niemals beachtet,
wer sich niemals darauf konzentriert,
dessen Energien gehen kreuz und quer durcheinander,
dessen geistige Moleküle
flitzen kreuz und quer durcheinander.

Aber wer auch immer sich auf diesen Kern konzentriert
der richtet die Moleküle um diesen Kern herum aus.
Und dieses Gefühl kann sich ausbreiten,
physisch, psychisch, geistig.

Du wirst zu einer Einheit.
Ein Kristall ist eine Einheit.

Du wirst durchsichtig.
Das heißt:
Du wirst zum wertvollen,
seltenen Diamanten,
zum seltenen Bergkristall,
durch den alles, was um ihn herum geschieht,
einfach hindurchgeht.
Du bleibst unbeeinflußt.
Du kannst beeinflussen,
wenn du willst,
du kannst zur Ursache werden,
aber du mußt es nicht.

Ein Mensch kann in einer gewissen Weise manipulieren,
wenn er kristallin ist,
er hat die Macht.
Und er wird es auf eine bestimmte Weise tun,
wenn er eine bestimmte Art von Kristall wird.
Es ist möglich
und es ist deine Freiheit.

Niemand zwingt dich
auf den Weg des Positiven.
Aber du mußt die Konsequenzen tragen.
Kristalle sind schon zersprungen,
nachdem sie die Energien gebündelt haben,
und diese gleiche Energie zurückkam,
zurückgeworfen wurde von irgend etwas.
Ein Kristall kann zerspringen.
Kristallin sein ist keine Garantie für Vollkommenheit,
keinesfalls.

Aber es ist eine Voraussetzung,
um die Realität objektiv
wahrzunehmen.

Unbeeinflußt von Farbstrahlungen,
unbeeinflußt von Panzerungen, von Schutzschirmen.

Jedes Baby wächst auf
als reiner Kristall,
und es bildet einen Schutzschirm,
es muß einen Schutzschirm bilden
für die vielfältigen Energien,
die das Baby treffen können.
Du mußt durch die Phase der Dunkelheit hindurchgehen,
sofern du nicht in einer absolut reinen Umgebung aufwächst.

Aber der normale Mensch
muß sich alle möglichen »Jalousien« zulegen,
sonst wird er zerstört.
Der Kristall kann zerstört werden,
solange er noch jung und ungeschützt ist und unbewußt.
So, du mußtest dich schützen.

Aber jetzt hindern dich diese Schutzschichten,
diese undurchdringlichen Farbschichten.
Du kannst die Realität durch sie hindurch
nicht mehr wahrnehmen.

Aber diese Schichten sind dünn.
Man kann sie entfernen.

Und es ist jetzt Zeit für dich,
mehr und mehr zum
durchsichtigen, durchscheinenden,
leuchtenden Kristall zu werden.
Und die Vorstellung, daß du dies wirst,
hilft,
es zu werden.

Stell dir vor, wie all die Moleküle deines Körpers sich ordnen
um den ursprünglichen Kern herum.
Jedes Atom, jedes Molekül nimmt seinen Platz ein.
Und es mag bei dir auf eine andere Weise geschehen
als bei anderen Menschen.

Denk daran, daß auch Schneeflocken, beispielsweise,
winzige Kristalle sind,
und kein Kristall gleicht dem anderen.
und so gleicht kein Mensch dem anderen.

Die Moleküle deines Wesens ordnen sich
auf eine ganz bestimmte Weise an.
Und niemand kann bestimmen, wie,
und niemand kann voraussagen, wie.
Nicht einmal du kannst voraussagen, wie es geschieht.
Erlaube, daß es geschieht, das
ist das Geheimnis.

Mach dir keine Vorstellungen, auf welche Weise es geschieht.
Menschen, die auf dem sogenannten spirituellen Weg sind,
haben gewisse Vorstellungen, wie man zu sein hat
als spiritueller Mensch, als Weiser, als Erleuchteter.
Aber dies alles ist Nonsens.

Wenn du genau so werden möchtest,
wie ein bestimmter anderer Mensch,
oder wie eine Art von Menschen,
wirst du Schwierigkeiten bekommen.
Dein Kristall hat vielleicht ganz andere Anlagen,
dein Kristall ist längst in eine
ganz andere Richtung gewachsen.
So, du kannst niemals so werden
wie dein Guru oder dein Meister,
oder wie Marilyn Monroe oder Humphrey Bogart.
Du mußt deine eigene Form finden,
alles ist denkbar.
Gott hat Milliarden von Lebensformen geschaffen,
Gott hat dich so geschaffen, daß du dich von allem
unterscheidest,
was je war oder sein wird.
Du kannst eine einmalige,
neue
Lebensweise finden, die niemals wiederholt werden wird,

und die auf ihre ganz spezifische Weise
sich einfügt
in dieses Universum.

Du wirst
zu einem Kristall,
der einmalig ist,
niemals wiederholbar,
ein Schmuckstück,
ein Edelstein,
ein leuchtender Diamant.
Erlaube, daß jedes Molekül deines Körpers, deiner Seele deines Geistes
sich auf die Weise anordnet,
wie es deine natürliche Ordnung verlangt.
Folge nicht den bekannten Mustern.
Erlaube, daß es auf die dir gemäße Weise geschieht.
Und natürlich wird dein Verstand immer wieder
versuchen, die Ordnung zu stören, die Ordnung zu beeinflussen.
Erlaube, daß es geschieht, so wie es geschehen möchte

Und du wirst die Erfahrung machen, daß die Art,
wie es bei dir geschieht, genau richtig ist,
daß genau die Art von Kristall, die du bildest,
genau hineinpaßt in diese Schöpfung:
perfekt.
Du bist auch jetzt schon perfekt,
aber du weißt es vielleicht noch nicht,
du erfreust dich noch nicht daran.

Und du kannst es der Natur abschauen,
die Natur nachahmen,
diese Intelligenz, diesen Reichtum, diese Freude,
dieses Bewußtsein der Natur.
Und immer mehr Leben,
immer mehr,
und immer neue Fähigkeiten.

Das Lesen der Aura

Wenn du einmal betrachtest,
was Kristalle tun
und was Kristalle im Zusammenhang mit Farben tun,
kannst du sehr viel lernen über
die geistigen Gesetze.

Man kann die Gesetze der Physik
analog anwenden
im geistigen Bereich.

Und nicht umsonst werden Farben assoziiert mit
Gefühlen, mit Stimmungen, mit Ausstrahlungen.
Nicht umsonst sagt man, daß die Aura des Menschen
farbig gesehen werden kann.

Nun glauben die meisten, die Aura sei irgendeine geheimnisvolle Sache, die nur einige Auserwählte sehen könnten.

Wer so denkt, hat eine Art Grenze errichtet,
eine ähnliche Grenze, wie jemand, der sagt:
»Von Computern verstehe ich nichts, wenn ich nur das Wort ›Computer‹ höre . . .«
Du hast eine Grenze errichtet zwischen dem Computer,
zwischen einem Teil der Welt, die dich umgibt, und dir,
du hast eine Barriere aufgebaut,
künstlich,
denn der Computer durchdringt deine Welt, nicht nur dadurch, daß er
in deiner Welt arbeitet,
sondern vieles, was im Computer geschieht, geschieht auch in dir.
Der Computer ist nichts, was sich losgelöst hat von diesem
Universum Menschheit, im Gegenteil.
Er ist ein Teil. Und es gibt keine Grenzen zwischen Teilen.
Wenn wir etwas herausgreifen und beschreiben,

errichten wir scheinbar eine Grenze, aber es gibt keine Grenzen.

So, das Gebiet der Aurawahrnehmung ist dir nicht so fern,
wie du es vielleicht glauben magst,
und wenn du die selbst errichtete Grenze beseitigst,
indem du das Auralesen als ganz normalen Teil deiner Welt akzeptierst,
kannst du augenblicklich Auren sehen und lesen.

Menschen, die die Aura farbig sehen,
tun nichts anderes,
als daß sie die Gefühle,
die sie bezüglich eines anderen Menschen haben
in Farben und Farbmuster umsetzen.
Es ist eine Eigenart des Gehirns dieser Menschen,
Auren farbig wahrzunehmen.
Man könnte eine Aura auch ebensogut
akustisch wahrnehmen oder fühlen.
Tatsache ist, daß du eine Aura auch
fühlen kannst. Du kannst in der Nähe eines Menschen
eine Gänsehaut bekommen,
oder in der Nähe eines anderen Menschen
wird deine Haut rosig und weich.
Und in der Nähe eines wieder anderen kannst du frieren, oder zittern.
So, in dir hat sich die Aura des Menschen
manifestiert in Wahrnehmungen der Haut.

Wer für optische Wahrnehmungen begabt ist,
wird die Aura sehen,
ein Musiker wird sie vielleicht hören,
ein Bildhauer wird sie vielleicht in den Händen spüren...

Wenn du dich intensiv daran erinnerst
wie es war, als jemand sehr wütend war,
dann kann es sein, daß du damals etwas fühltest,
das man beschreiben kann wie eine giftige, gelbe Wolke,

die mit roten Blitzen durchsetzt ist,
und die roten Blitze hatten vielleicht grüne Spitzen...

Oder wenn du an jemanden denkst,
der sehr still ist und sehr meditativ,
dann kann es sein, daß du wirklich den Eindruck hast:
Dieser Mensch ist von einem weißen Nebel umgeben,
oder von einem silbernen Nebel
oder einem goldenen Nebel,
einem goldenen Nebel mit blauen Sternchen oder
von einem violetten Nebel.

Der akustisch empfindende Mensch
»hört« den Wütenden vielleicht wie schrille, hohe Trompeten,
dissonant, unharmonisch,
und den Meditierenden als Harfenmusik, melodisch und harmonisch...

Es könnte auch Menschen geben, die eine Aura »riechen«.

Wenn du dich leer machst,
so daß deine Wahrnehmung nicht von deiner eigenen Aura verfälscht wird,
wenn du dich ganz öffnest und deinem Gefühl erlaubst,
sich irgendwie zu kristallisieren,
beherrschst du plötzlich das Lesen der Aura,
so einfach ist das.

Und durch Versuch und Irrtum lernst du,
die Aura besser und besser zu interpretieren.
Du schaust einen Menschen an und du siehst,
beispielsweise, eine mattgelbe,
sehr dünne Aura, die dich irgendwie an
Blätter im Herbst erinnert,
an etwas Vergilbtes,
und du spürst, wie diese Aura kühl und kühler wird,
und wenn dieser Mensch dann
stirbt nach einiger Zeit, dann weißt du,
so sieht die Aura eines Sterbenden aus.

Oder du triffst eine Freundin und du spürst sie leuchtend,
vibrierend,
eine rötliche Aura,
vielleicht durchsetzt
mit gelben Blumen,
blumenartigen Strukturen,
an bestimmten Stellen des Körpers,
verschiedenen Färbungen
sehr stark leuchtend, sehr groß,
und aus einem Gefühl heraus
fragst du deine Freundin:
»Bist du verliebt?« und sie sagt: »Ja,
ich habe mich verliebt in einen Mann . . .«,
und sie beginnt zu erzählen, und diese Aura wird größer und
größer . . .

Und wieder hast du gelernt,
wie man diese Gefühle, gleich Farben, interpretiert.

Und es gibt ein interessantes Phänomen
in der Farbenlehre,
daß nämlich beispielsweise ein weißer Körper,
wenn er mit rotem Licht bestrahlt wird,
rot aussieht.
Oder daß ein weißer Körper, wenn er durch eine rote Brille
betrachtet wird,
ebenfalls rot aussieht.
Nun, Rot hat verschiedene Bedeutungen.
Es gibt ein Rot, das Liebe symbolisiert, eine feurige Liebe
und es gibt ein Rot, das Zorn, Wut symbolisiert.
Man würde gefühlsmäßig dem zornigen Rot etwas mehr
Blauanteil geben,
und dem liebevollen Rot etwas mehr Orangeanteil.
Liebe, wenn sie mit einem Anteil Blau versetzt wird,
kehrt sich um in ihr Gegenteil,
die Kraft bleibt,
aber das Gefühl kann umschlagen in Haß,
nur durch ein wenig Blau.

Blau könnte zum Beispiel Gleichgültigkeit bedeuten
und wenn man jemanden sehr stark liebt,
und dieser Mensch strahlt das gleichgültige Blau zurück,
dann kann sich das Rot des Liebenden
in blauroten Haß verwandeln,
das Blau der Gleichgültigkeit des einen
verunreinigt das liebende Rot des anderen.
Kleinste Veränderungen können große Wirkungen erzielen.

Auch das geschieht analog zu den geistigen Gesetzen:
Wenn ein wütender Mensch,
einen an sich neutral wirkenden Menschen,
einen weiß oder grau wirkenden Menschen anschaut, sieht er seine eigene Farbe, die Farbe seiner eigenen Brille.
Und er interpretiert in den anderen hinein, was er selber ist:
Wut, Zorn oder was auch immer gerade seine »Brille«, sein Gefühl ist.
Und du hast diese Erfahrung vielleicht gemacht:
Wenn du verliebt bist, und du gehst durch die Stadt,
dann fällt dir auf, daß
sehr viele schöne Menschen unterwegs sind, sehr viele leuchtende Menschen.
Und wenn du traurig bist, denkst du, alle Welt ist traurig, melancholisch.
Ein Naturgesetz wirkt.

Und eine andere Möglichkeit ist die des aktiven Strahlens.
Ein Mensch, der sehr wütend ist,
strahlt diese Wut aus.
Und was bekommt er zurück
von den Menschen um ihn herum?
Aggression und Wut.
Ganz klar. Selbst die Gegenstände
strahlen diese Wut zurück.
Bist Du schon einmal wütend gewesen und hast versucht, irgend etwas
zu ordnen,
etwas zu reparieren, oder zu kochen?

Plötzlich scheinen die Gegenstände sich gegen dich zu verbünden
und aggressiv zu werden,
sie fallen hin,
sie springen auseinander, sie fliegen auseinander,
sie verschwinden, sie rollen unter den Tisch,
sind nicht mehr aufzufinden.
Gegenstände, die dich verletzen können, verletzen dich,
du schneidest dich
mit dem Messer, weil du wütend Kartoffeln schälst.

So, wenn du Farben gleich Gefühle bei anderen Menschen wahrnimmst,
mußt du dich fragen:
Kann es sein, daß ich
diesen Menschen durch meine Brille sehe?
Oder kann es sein, daß ich
auf diesen Menschen diese Farbe ausstrahle?
Wenn du also mit jemandem zusammen bist, der eigentlich
ganz ruhig und zufrieden ist,
aber du bist wütend, dann wird er entweder auch wütend werden,
die Farbe der Wut annehmen, weil du sie auf ihn abstrahlst,
oder er wird dir wütend erscheinen, weil du wütend bist,
weil du ihn durch deine Brille siehst.
Wenn er deine Farbe reflektiert,
hast du jemanden gefunden, mit dem du kämpfen kannst,
an dem du deine Wut abreagieren kannst,
wenn nicht, wird er dich noch wütender machen,
weil er dir gewissermaßen nur deinen eigenen Zustand zeigt

Nun, wenn du zu meditieren beginnst,
hast du irgendwann keine spezielle Farbe mehr,
du transzendierst alle Gefühle,
du wirst weiß.

Weiß ist die Farbe
des Nicht-mehr-Dazugehörens, des nicht mehr

In-der-Welt-der Emotionen-Lebens,
aber, Weiß bedeutet auch:
Du nimmst die Farbe jeweils
dessen an, der auf dich seine Energie richtet.
Du kommst mit einem Heiligen zusammen und du wirst
seine Farbe annehmen.
Du kommst mit einem »Verbrecher« zusammen und
du wirst seine Farbe annehmen.
So, wenn du die Wechselwirkungen zwischen Menschen
genau untersuchst,
kannst du perfekte Analogien herstellen
mit der Physik der Farben.

Aber es gibt Menschen,
die aufhören,
farbig zu sein.
Und diese Menschen sind keinesfalls weiß,
denn weiß ist lediglich die Summe
aller Farben des Spektrums.

Diese Menschen sind durchsichtig.

Solange du ein fester Körper bist,
ist der einzige Weg, durchsichtig zu werden,
der Weg des Kristalls.

Die heilende Kraft des Natürlichen

Wir werden heutzutage so sehr mit Meinungen, Informationen, Bildern und Philosophien bombardiert, daß wir unsere Basis nicht mehr wahrnehmen, daß wir den Ursprung unseres Menschseins, unsere Wurzeln nicht mehr fühlen. Es ist, als ob wir wie mit tausend unsichtbaren Fäden irgendwo im leeren Raum aufgehängt wären.

Aber fast jeder von uns empfindet es als wohltuend, zu einer Lebensweise zurückzukehren, die ihn mit dem physischen

Urgrund seiner Natur verbindet, zumindest für einige Zeit.

Urlaub, Wochenendhäuser, Wanderungen, Klettertouren sind für viele von uns unter anderem auch ein Versuch, sich wieder mit diesem Urgrund zu verbinden.

Wir mögen dann feststellen, daß nichts befriedigender ist, als mit den Händen zu arbeiten, etwa gar in der Erde zu graben, den ganzen Tag am Meer zu sitzen und zu angeln oder in unberührter Natur umherzustreifen. In solchen Situationen vermissen wir weder Fernsehen noch Zeitungen, weder Theater noch Gespräche, weder Partys noch Computer, weder Organisationen noch Kirchen.

Der Mensch empfindet die Rückkehr zum Natürlichen, Physischen, Körperlichen als so angenehm, weil er nur dort wirklich zu Hause ist. Seinem Wesen nach ist er Natur, Körper, Physis. Fast alles, was unsere Zivilisation sonst ausmacht, ist aufgepfropft, neu, oft äußerst unnatürlich, indem es gegen die wirklichen Bedürfnisse des Körpers verstößt. Stundenlanges Sitzen, Fernsehen, Computerspiele, laute Musik, Autofahren usw. sind solche modernen Beschäftigungen, die große Teile unseres Körpers nicht nur brachliegen lassen, sondern sogar schädigen können.

Da wir aber Kinder dieser Zivilisation sind und die »Unschuld der Natur« verloren haben, werden wir niemals auf Dauer in den gesegneten (übrigens bestimmt nicht paradiesischen) Zustand unserer mit der Natur in Einklang lebenden Vorfahren zurückkehren können. Dennoch sehnen wir uns danach, und brauchen solche Zeiten, um uns von der Zivilisation zu erholen. Dann werden wir locker, offen, harmonisch und kleine »Wehwehchen« sind wie weggeblasen.

Wenn Sie sich vom folgenden Trancetext zurücktragen lassen in einen ursprünglicheren Zustand, als er für uns jemals physisch erlebbar oder möglich wäre, kann das Gefühl der Verbundenheit mit dem Körper, mit unserem Lebensraum, mit der Erde, in Ihnen wieder verstärkt werden. Diese Trance kann wirken wie eine reinigende Rückkehr zu dem, was ist, zum Boden der Realität, was auf geheimnisvolle Weise zu gewissen Verhaltensänderungen führen wird.

Daß wir Menschen unseren eigenen Lebensraum so sehr vergiften, wie wir es gerade in dieser Zeit auf besonders schlimme Weise tun, kann nur daran liegen, daß wir jede Verbindung mit dem Natürlichen in uns selbst verloren haben.

Ob wir unsere eigene Atemluft mit Kettenrauchen vergiften, ob wir am verkaufsoffenen Samstag mit dem Auto die Innenstadt verstopfen und verpesten, alle diese kleinen Sünden machen verspannt, unzufrieden, nervös, schlaflos.

Verbundenheit mit der Natur heilt uns und führt zu gesunder und natürlicher Lebensweise zurück.

Durch die Trance »*Visualisiere das Tier deiner Wahl*« werden wir wieder Teil der Natur, und im Bewußtsein dieser natürlichen Basis können wir anschließend durchaus das spezifisch Menschliche wieder genießen. Ja – echter Genuß ist nur möglich, wenn die Basis stimmt. Man kann eine Oper, ein Konzert oder einen Kinobesuch nur dann wirklich genießen, wenn man entspannt ist, den Alltag abschüttelt und sich ganz der Musik oder den Bildern öffnet.

Diese Trance rückt uns auf geheimnisvolle Weise »den Kopf zurecht«, führt zu mehr Kreativität im täglichen Verhalten und regt uns zu Aktivitäten an, die uns guttun. Sie ist vielleicht ein kleiner Beitrag dazu, daß wir uns wieder mehr mit unserem Lebensraum verbinden, und uns selbst und unseren Lebensraum als Einheit sehen.

Es kann sein, daß sich durch diese Trance in Ihrem Leben einiges ändern wird, sei es, daß Sie eine Gewohnheit aufgeben, sei es, daß Sie Ihren Lebensraum schöner und natürlicher gestalten, sei es, daß Sie mehr auf die Bedürfnisse Ihres Körpers achten, sei es, daß Sie mit anderen Menschen bewußter umgehen werden. Denn auch unser Umgang miteinander gehört zum »inneren Umweltschutz«.

Wenn Sie den Text auf Band sprechen, machen Sie bitte lange Pausen zwischen den Absätzen, damit Sie wirklich Zeit haben, sich alles ganz genau vorzustellen. An den Stellen mit den drei Pünktchen sollten es minuntenlange Pausen sein, die Sie auch mit passender Musik ausfüllen können.

Visualisiere das Tier deiner Wahl

Und du kannst dir jetzt einmal vorstellen,
daß du ein Tier bist,

und daß die Welt so ist, wie sie einmal war,
bevor der Mensch existierte.

Stell dir vor, du bist ein Tier,
ein Tier deiner Wahl.

Ein kleines,
oder ein großes Tier.

(...)

Und stell dir deinen Lebensraum vor.

Stell dir die Farben vor,
in deinem Lebensraum,
stell dir die Formen vor,
in deinem Lebensraum.

Spüre, wie du in Berührung trittst,
mit deinem Lebensraum.
Spüre, welche Teile von dir
mit deinem Lebensraum in Berührung kommen.

(...)

Und spüre den Rhythmus deines Lebensraumes.
Helligkeit, Dämmerung, Dunkelheit.
Von Helligkeit zur Dunkelheit.
Von Wärme
zu Kälte.

Spüre, wie du eingebettet bist in deinen Lebensraum
Spüre, wie du dazugehörst.

(...)

Was ist noch in deinem Lebensraum vorhanden?

Was gibt es dort zu sehen?
Beobachte die Strukturen in deinem Lebensraum.

Sind es weiche oder harte Strukturen?
Steine oder Sand?
Wasser oder Luft?

Spüre, wie dein Lebensraum dich umhüllt, dich schützt.

Aber spüre auch, daß du
wach sein mußt,
wachsam sein mußt.
Spüre, daß du deinen Lebensraum so behandeln mußt, wie es deiner Natur entspricht,
daß du dich auf eine bestimmte Art bewegen mußt,
schnell oder langsam,
oder wie genau?
Stell es dir vor.

(...)

Oder bist du unbeweglich?
Wächst du in deinem Lebensraum?
Oder wächst dein Lebensraum?

Spüre, daß das gesamte ökologische Gleichgewicht auch von dir abhängt, von deiner Anwesenheit.

Akzeptiere alles, was deinen Lebensraum ausmacht.

Spüre, wie jede Handlung
perfekt abgestimmt ist,
perfekt angepaßt ist,
intelligent ist.
Spüre, wie dein Aussehen an deinen Lebensraum angepaßt ist,
hundertprozentig hineinpaßt in diesen Lebensraum.

Deine Farbe ist genau die richtige Farbe,
deine Form ist genau die richtige Form,
deine Form ist genau so, daß du dich genau so bewegen kannst, wie du es möchtest, wie es zweckmäßig ist.

Spüre, wie Zweckmäßigkeit und Wunsch hundertprozentig übereinstimmen.

(...)

Spüre dieses Akzeptieren dessen, was ist.
Spüre den Sinn
im Ganzen.
Du bist da, wo du bist,
und tust, was du tust,
und es ist perfekt.

(...)

Kannst du spüren, daß du in einer gewissen Weise Teil der Seele deiner Rasse bist?

Kannst du spüren, daß sich dein Verhalten synchronisiert mit dem Verhalten aller Angehörigen deiner Rasse?

Selbst wenn du nicht in einem Schwarm lebst
oder in einer Herde,
kannst du spüren, daß du dich hundertprozentig synchron verhältst zu den anderen Individuen deiner Rasse?

Kannst du spüren, daß du Teil einer größeren Seele bist?

(...)

Und du kannst deinen Lebensraum jetzt mehr und mehr in Besitz nehmen.
Kannst dich ausbreiten in deinem Lebensraum.
Kannst dich vermehren in deinem Lebensraum.
Kannst dich fortpflanzen in deinem Lebensraum.

Und du bleibst immer in Übereinstimmung mit den Gesetzen,
du kannst eine Menge tun in deinem Lebensraum:
etwas bauen,
etwas verändern,
etwas essen,
etwas trinken...
Und ganz gleich, was du tust, es ist immer in Übereinstimmung

mit allem, was existiert,
mit den Gesetzen des Tao.

Selbst ein scheinbares Abfallprodukt ist vielleicht Nahrung für ein anderes Lebewesen,
für die Pflanzen zum Beispiel.

Und selbst, wenn du stirbst,
bleibst du
hundertprozentig
nützlich,
eingebettet in das große Ganze.
Du wirst vielleicht zur Nahrung für einen anderen Teil der Schöpfung.

Nichts verschwindet, nichts stirbt,
alles verändert sich,
muß sich verändern.
Zellen
zerfallen
in ihre Bestandteile
und werden neu zusammengesetzt.

Ewiger Kreislauf.

Spüre, wie es sich anfühlt, Teil
dieses Kreislaufs zu sein.
Spüre,
daß das Ganze wichtig ist.

(...)

Spüre, daß es Dinge gibt, die im großen und ganzen richtig und wichtig sind,
und spüre die Freiheit im Kleinen.
In gewissen Dingen gibt es Freiheit...
und in anderen Dingen gibt es Gesetze,
strenge Naturgesetze.

Und spüre, wie selbstverständlich und schön es ist,
diesen Gesetzen zu gehorchen.

Und spüre, wie das Tier, das du bist, akzeptiert.
Und wenn es gegen die Gesetze verstößt,
akzeptiert es die Folgen.

Und spüre die Lust.
Spüre die Lust dazusein,
zu leben.

Spüre die Lust in allem, was du tust.
Selbst wenn du flüchten mußt,
selbst wenn du dich verbergen mußt.

Es mag sein, daß es bestimmte Reaktionen in deinem Körper gibt . . .,
aber dennoch ist da immer dieses pulsierende Leben,
diese Lust am Leben,
diese Lust, sich zu unterscheiden
von dem Teil der Natur, der weniger Leben in sich hat.
Es gibt nichts vollständig Totes,
aber spüre den Lustgewinn,
der durch dieses Prickeln, durch dieses Vibrieren,
durch dieses Fließen, durch diese schnelle Veränderung entsteht.
Auch ein Stein mag sich wohl fühlen und das Schwingen seiner Atome genießen,
aber der Stein ist immer am selben Ort,
und selbst wenn er sich bewegt,
er muß warten,
er ist abhängig von anderen, die ihn anstoßen.

Es kann sein, daß er einmal sehr schnell bewegt wird,
aber dann muß er wieder Millionen von Jahren warten,
bis zur nächsten Veränderung.
Es mag sein, daß es ihm eine gewisse Freude bereitet,
dazusein und zu warten.
Aber spüre den immensen Lustgewinn, durch die zusätzlichen Möglichkeiten, die du hast.
Selbst wenn du dich mit einer Pflanze vergleichst . . .
Pflanzen können sich schon schneller verändern,

Blumen können aufblühen.
Aber wenn sie aufgeblüht sind, müssen sie warten, bis die Sonne untergeht, und erst dann können sie ihre Blüten wieder schließen.
Pflanzen können sicher sehr viel wahrnehmen.
Und Wahrnehmung erzeugt Lust,
Wahrnehmung ist Lust.
Aber du kannst viel mehr wahrnehmen,
sehr viel mehr Lust empfinden.
So genieße, daß du beweglicher bist als eine Pflanze,
daß du mehr wahrnehmen kannst als eine Pflanze,
du kannst mehr sehen, mehr fühlen,
riechen, schmecken . . .,
spüren,
jeden Windhauch spüren,
oder das Wasser,
oder ein anderes Element deines Lebensraumes.

(. . .)

Genieße, was du hören kannst,
wenn du im Wasser lebst, wie der Schall aus großen Entfernungen zu dir kommt . . .
ein ganzes Universum von Wahrnehmungen.

Und ein Tier ist immer wach, ist immer da,
selbst im Schlaf.

Spüre das gewaltige Universum der Wahrnehmungen.

Die Welten des Sehens, des Hörens, des Fühlens,
und ist es damit nicht genug,
ist das nicht schon fast zuviel Genuß?

(. . .)

Und laß das Tier, das du bist, jetzt frei.

Laß es sich in seiner Welt bewegen,
wohin auch immer es sich bewegen möchte,

laß es sein, was auch immer es sein möchte.
Laß es tun, was es auch immer tun möchte.
Beeinflusse nichts mehr.
Laß es absolut frei sein.
Und schau zu, was geschieht,
akzeptiere alles, was es tut,
ohne zu beurteilen,
ohne zu analysieren.

Erlaube dem Tier die absolute Freiheit,
es selbst zu sein.

(...)

Erfüllte Sexualität

Viele von uns haben in Büchern über Sexualität gelesen, man müsse beim Sex möglichst viel leisten, alle möglichen Künste beherrschen, man müsse den anderen um jeden Preis befriedigen oder sich vom anderen befriedigen lassen, man müsse möglichst oft Sex haben und immer möglichst viele Orgasmen.

Auch in der Sexualität, die ja nun wirklich der vollkommenste Ausdruck der Natur in uns ist, haben wir uns weit von unseren Ursprüngen entfernt.

Die folgende Trance will Ihnen helfen, einen natürlichen Zustand wiederherzustellen.

Einige der in diesem Text formulierten Ansichten sind ziemlich konträr zur Strömung unserer Zeit, aber Sie können ja selbst ausprobieren, was für Sie funktioniert und was nicht.

Man kann den Menschen in vielen Gebieten an die Zeitströmung anpassen – Sex ist eines der Gebiete, wo sich diese Anpassung so auswirkt, daß er keinen Spaß mehr macht oder gar nicht mehr funktioniert.

Der Trancetext *»Sexualität wirklich genießen«* eignet sich auch zum Vorlesen, wenn Sie mit einem Partner zusammen sind.

Zum Besprechen einer Kassette besonders geeignet ist der zweite Text zu diesem Thema: *»Eine tantrische Meditation«*. (»Tantrisch« leitet sich vom indischen »Tantra« ab, einer religiösen Strömung, die das Sexuelle nicht ausklammerte, sondern benutzte, um Erlösung zu erlangen.)

Suchen sie sich die schönsten »Bilder« heraus und lassen Sie lange Pausen, damit Sie sie entsprechend genießen können. Diese wunderschöne Meditation »überraschte« mich ganz unverhofft, zu einer Zeit, als ich mich eigentlich auf eine ganz andere Thematik eingestellt hatte. Kurz vorher hatte eine Dame mich mit leicht vorwurfsvollem Unterton darauf aufmerksam gemacht, daß viele meiner Texte sehr stimulierend für sie seien. Es kann sein, als ob die Natur durch diesen Text sagen wollte: »Jawohl, ich bin erotisch – Erotik und Natur sind eins.«

Beachten Sie bitte, daß kein einziges explizit sexuelles Wort verwendet wird.

Auch dieser Text hilft, wieder eine natürliche Basis für Körpergefühle zu schaffen.

Besonders für Tantragruppen geeignet!

Sexualität wirklich genießen

Der Körper und die Zellen des Körpers können beim Lesen
eine uralte Weisheit wiedererkennen.
Es kann sich spontan
eine Resonanz ergeben zwischen dem, was du aufnimmst,
indem du es liest oder hörst und dem, was in dir geschieht.
Diese Resonanz kann nur entstehen, wenn
die Frequenz des Senders,
in diesem Fall das Buch oder der Autor des Buches,
und die Frequenz des Empfängers, der Zellen deines Körpers,
übereinstimmen.
Nach diesem Prinzip funktioniert alles, was ich schreibe.
Die geheimnisvolle Wirkung vieler meiner Texte beruht ganz

einfach darauf,
daß man in sich das entdeckt,
wiederentdeckt,
was ich beschreibe.

Und ich möchte dich jetzt bitten,
dich einmal in Resonanz versetzen zu lassen.
durch uralte Weisheiten,
die vielleicht auch in deinem Körper schlummern.
Es mag sein, daß du in der Vergangenheit durch Bücher oder Abbildungen
angeregt oder in Schwingungen versetzt worden bist,
oder versucht hast, dich in Schwingung versetzen zu lassen
daß du aber noch immer
etwas Unerfülltes in dir spürst,
daß du noch immer spürst,
daß irgend etwas in dir noch nicht hundertprozentig
sich in Übereinstimmung befindet mit der Natur
und vor allem mit deiner Natur.
Und gerade in allen möglichen Büchern über Sexualität,
in Vorträgen und Kursen
wurden und werden Dinge vermittelt,
die nichts mit deiner ursprünglichen Natur zu tun haben.
Und alles, was nichts mit deiner ursprünglichen Natur zu tun hat,
trägt den Stachel des Nichtfunktionierens,
den Keim des Kaputtgehens,
trägt in sich die Möglichkeit,
daß man es verlieren kann.
Ich sage nicht, daß bestimmte Dinge nicht für eine Weile funktionieren,
wenn man an sie glaubt.
Aber alles, was nicht natürlich ist,
läßt dich letzten Endes unbefriedigt zurück.

Eine Pille, die du nimmst, um deine Kopfschmerzen zu vertreiben
mag wirken für einige Zeit,

aber auf einem anderen Gebiet
bezahlst du.
Ein Auto mag dich irgendwohin tragen
aber du bezahlst dafür,
mit Verspannungen, Hektik, Nervosität,
oder ein anderer bezahlt.
Das Auto verbraucht einen Teil seiner Atemluft...

Nur das wirklich Natürliche,
wie ein Spaziergang durch den Wald,
gibt dir etwas.

Gibt dir
und nimmt keinen Preis.
Weil du dich perfekt
in das Netzwerk der Natur eingefügt hast.
Alles, was sich perfekt ins Netzwerk der Natur einfügt,
wird uns geschenkt,
es bedarf keiner Gegenleistung, keiner Bezahlung.
Und alles, was in irgendeiner Weise das Natürliche verändert
pervertiert, manipuliert,
verlangt einen Preis.
Vielleicht nicht heute,
vielleicht nicht von dir,
vielleicht irgendwann später.

Ich sage nicht, daß dies schlecht ist,
sondern daß dies ein Naturgesetz ist.
Und du mußt mit den Naturgesetzen leben,
ganz gleich, wie du darüber denkst,
ganz gleich, was du tust.

Jede Zelle deines Körpers ist ein sexuelles Wesen,
und jede Zelle deines Körpers enthält Programme,
die sich in die Natur einfügen.
Sexualität ist der Ursprung der Natur.
Sexualität ist gleich Natur.
Wenn du dich umschaust in der Natur,
so ist alles in einer gewissen Weise sexuell.

Selbst die Geburt einer Sonne
ist ein sexueller Vorgang.
Natürlich weiß die Natur nicht wirklich etwas von Sexualität.
Sie *ist* es einfach.
Selbst der Tod ist ein sexueller Vorgang,
es ist ein Sichschließen des Kreises.
Und in der Natur schließen sich Kreise immer und immer wieder.

Wenn du Sexualität nicht mit dem Verstand beeinflußt,
wird sie so natürlich, wie sie es in der Natur ist.
Und Sexualität ist nicht nur ein Vorgang von
Liebe und Weichheit und Fließen,
sondern es kann auch ein Vorgang der Kraft,
ja der Gewalt sein.
All das ist möglich.

Sexualität hat einen Rhythmus.
Alle Rhythmen ändern sich im Rhythmus.
Tatsache ist, daß Rhythmen nichts anderes sind als Ausdruck anderer Rhythmen.

Man kann Rhythmen zerlegen
in feinere Rhythmen.
Und man wird immer Rhythmen finden.
Vielleicht kommt man niemals an ein Ende.
Vielleicht ist dieses Universum seiner Natur nach Rhythmus.
Vielleicht ist Rhythmus das, woraus alles entsteht.

Bestimmte elektrische Vorgänge in deinem Gehirn
oder in deinem Körper
lassen sich zerlegen in Schwingungen von Elektronen.
Und diese Rhythmen der Elektronen lassen elektrische Impulse entstehen.
Und diese Impulse lassen dein Herz rhythmisch schlagen.
Und der Rhythmus deines Herzens ist wiederum der Grundrhythmus deiner Bewegungen,
deiner Atemfrequenz...
Und ein Mensch der gesund ist, ein Mensch der zufrieden ist

hat alle diese Rhythmen synchronisiert.
Es gibt rhythmische Übungen,
die dich synchronisieren,
es gibt Tänze,
Mantren,
Musik.

Musik wirkt heilend, wenn sie deine inneren Rhythmen synchronisiert.

Menschen, die mit sich im Reinen sind,
haben alle ihre Rhythmen synchronisiert.
Und wenn zwei Menschen sich gut verstehen und zusammen sind, dann synchronisieren sich ihre Rhythmen auch miteinander.
In großen Versammlungen kannst du diesen Effekt beobachten,
wenn eine Übereinstimmung sich herauskristallisiert
zwischen Menschen . . .
dann synchronisieren sich die Rhythmen all dieser Menschen
Alle atmen mit dem Redner,
die Herzen schlagen im Rhythmus.

Mutter und Kind haben die gleichen Rhythmen.
Und es kann sein, daß die geheimnisvollen Verbindungen zwischen Menschen
nur dadurch entstehen, daß die Rhythmen dieser Menschen synchron sind.
Vielleicht ist es so, daß gewisse Informationen auf den rhythmischen Wellen, die diese Menschen aussenden,
aufmoduliert sind, wie die Sprache des Rundfunksprechers auf den Trägerwellen der Sender,
die sich von der Antenne des Senders zum Empfänger im Raum ausbreiten.

So – die Beziehung zwischen Menschen beruhen auf Rhythmus.
Und Sexualität ist die Urbeziehung.
Es gibt Tierarten, die niemals miteinander kommunizieren,

bei denen ein Individuum niemals mit dem anderen
kommuniziert.

Aber zu einer bestimmten Zeit,
einmal im Jahr oder einmal in einem Leben
gibt es eine sehr starke Kommunikation zwischen zwei
Individuen.
Und dies ist die sexuelle Beziehung.
Die sexuelle Beziehung ist die Keimzelle
der Kommunikation.

So – wenn du mit einem Partner zusammen bist,
muß zunächst die Synchronisation stattfinden.
Du kannst dies beobachten:
Menschen, wenn sie sich zum ersten Mal begegnen,
scheinen eine undurchdringliche Schale zu haben,
scheinen umgeben zu sein
von unterschiedlichen Auren.
Du bringst zwei deiner engsten Freunde zusammen,
und bist erstaunt, wie steif sie beide plötzlich wirken.
Oder ein Mann kommt aus seinem Büro und ihn umgeben noch
die Schwingungen seiner Arbeit, seiner Kollegen, der
Gespräche,
die er geführt hat ...
Und eine Frau mag von einer anderen Arbeitsstelle kommen
und ist umgeben von den Erlebnissen ihres Tages.
Man trifft sich
und die Auren berühren sich.
Es ist, als ob kleine Fühler ausgestreckt würden,
hier und da eine kleine Übereinstimmung.
Man sucht Übereinstimmungen, wenn die Sympathie da ist.
Sympathie ist die Voraussetzung für Synchronisation.

Und hier und da verhaken sich ein paar Bereiche ineinander.
es kann etwas Banales sein, ein gemeinsamer Bekannter,
ein Buch, das beide gelesen haben, das Wetter, ein Urlaub ...
Es geht nicht wirklich um die Thematik eines Gesprächs,
es geht nicht um den Inhalt solcher Gespräche,

es ist gegenseitiges Abtasten ...
das Lausen der Affen wurde ersetzt durch lausige Gespräche.
Und die beiden beginnen, sich zu synchronisieren, wenn
die Sympathie da ist.
Und du kannst beobachten,
daß mehr und mehr Rhythmen ineinander fließen,
sie schlagen zu gleicher Zeit die Beine übereinander,
sie haben die gleiche Körperhaltung,
sie stützt mit der linken Hand ihr Kinn auf
und er tut nach wenigen Sekunden das gleiche.

Und wenn du Paare beobachtest,
kannst du sehen, daß ihre Rhythmen sich langsam aneinander
angleichen.

Man kann diese Mechanismen benutzen,
um sich bewußt auf einen anderen Menschen einzustellen.
Ein guter Therapeut übernimmt bewußt Bewegungen des
Klienten,
den Rhythmus des Klienten,
um sich in den anderen einzufühlen.
Du kannst den Vorgang des Kennenlernens,
des Vertrauenschaffens beschleunigen,
indem du Rhythmen bewußt synchronisierst.
Aber auch Paare, die lange zusammenleben, die sich lange
kennen,
müssen immer wieder eine Zeit der Synchronisation
durchleben.
Insbesondere, wenn beide in unterschiedlichen Bereichen
arbeiten.
So – es ist nicht nötig, Bücher zu lesen: »Wie lerne ich Frauen
kennen?«,
»Wie finde ich einen Mann?«,
es genügt, einfach der Natur zu folgen und dem Körper zu
erlauben,
zu synchronisieren.
Der Körper tut es, wenn die Möglichkeit vorhanden ist,
denn der Körper sucht

die Sympathie, sucht die Synchronisation.
Denn wenn er synchron ist mit anderen,
wächst ihm Lebenskraft zu.

Ein Mensch, der synchronisiert ist mit vielen anderen Menschen,
wird in Zeiten, in denen seine Lebenskraft nachläßt,
oder sich ausruht,
von den Schwingungen der anderen am Leben erhalten.

Wenn zum Beispiel viele Stimmgabeln
auf dem gleichen Ton schwingen
und du hältst eine der Stimmgabeln an,
indem du sie anfaßt.
Sie hört auf zu schwingen, aber wenn du losläßt, schwingt sie weiter.
Sie wird von den anderen Stimmgabeln wieder angestoßen.
Nur wenn sie nicht auf den Ton der anderen gestimmt ist,
wird sie niemals wieder zu schwingen beginnen.
So – es ist gut, wenn du Gleichgesinnte suchst,
wenn du dich mit Gleichgesinnten umgibst, die mit dir synchron schwingen.

Und wenn du einmal synchron schwingst mit einem anderen Menschen,
brauchst du nicht mehr viel zu tun.

Denn jede Zelle deines Körpers beherrscht die »Programme der Liebe«,
die »Programme der Zärtlichkeit«.

Und es ist nicht nötig, nach irgendwelchen Büchern vorzugehen,
es ist nicht nötig
irgend etwas zu tun, was du gelesen hast.
Es ist nicht einmal nötig, die Wünsche des anderen zu erfüllen.
Es kann sehr schön sein, Wünsche zu erfüllen,
aber ein erfüllter Wunsch hat keine Kraft.
Er verliert seine Kraft augenblicklich.

Wenn du dir ein neues Auto wünschst,
du träumst von diesem Auto,
es verleiht dir die Kraft, Kataloge zu durchblättern,
zu einem Autohaus zu gehen und dir die Autos anzuschauen,
es spornt dich an, mehr Geld zu verdienen,
mehr zu leisten, damit du es dir leisten kannst,
aber wenn du es hast:
Das schöne Gefühl verschwindet,
und nach wenigen Wochen hat das Auto all die Kraft verloren,
die noch im Wunsch steckte.

In der Liebe kann die Nichterfüllung eines Wunsches
ein Motor sein.
Du freust dich auf etwas, du hoffst auf etwas,
du hast etwas vor,
du verrätst nicht, was dein Körper sich wünscht.
Und der andere experimentiert, es herauszufinden.
Der andere hat die Spannung: Werde ich herausfinden, was ihm Spaß macht, was er liebt?
Werde ich herausfinden, was ihr Spaß macht, was sie liebt, was ihr Körper liebt?
Paare, die sich alles sagen,
mag das Spielen mit den Vorstellungen und Wünschen des anderen erregen,
aber wenn die gegenseitigen Wünsche erfüllt sind, was dann?
Erfüllte Wünsche verlieren ihre Kraft.
Und dann mußt du neue Wünsche suchen,
dann mußt du neue Bücher lesen.
Das Experimentierfeld der Erotik,
das Experimentierfeld der Sexualität ist begrenzt,
zumindest, was die physikalischen, mechanischen Möglichkeiten betrifft.
Es gibt nur 999 Stellungen,
was dann, wenn du sie alle ausprobiert hast?

Aber immer wieder der Linie des Gefühls zu folgen,
immer wieder die beiden Linien der Wünsche und Gefühle sich

ineinander verschlingen zu lassen,
das kann immer wieder neue Kraft schenken.

So – es ist keinesfalls nötig, Wünsche zu erfüllen,
über Wünsche zu sprechen,
Absprachen zu treffen.

Es kann dir passieren, wenn du einen Wunsch aussprichst,
daß du dann überhaupt keine Lust mehr empfindest,
wenn es wirklich geschieht.

Ich sage nicht, es ist falsch, Wünsche auszusprechen,
du kannst es tun, aber du mußt die Folgen bedenken.

So, wenn du immer wieder
ein Hoffen, ein Sehnen empfinden möchtest,
wenn du immer wieder die Spannung, die Lust der Erwartung spüren willst,
dann sprich nicht über deine Wünsche.

Der Verstand beschäftigt sich mit der Sexualität
und entwickelt Phantasien und Vorstellungen,
aber der Körper ist es, der die Lust empfindet.
Und die Wünsche des Körpers sind andere Wünsche als die Wünsche des Verstandes.

Der Körper ist das Instrument, mit dem du die Freude an der Sexualität entwickelst,
empfindest
erfindest,
immer wieder neu.

Der Verstand kann keine Freude empfinden.
Sowie der Verstand eine Vorstellung entwickelt hat,
kommt der Wunsch nach einer neuen Vorstellung,
kommen Phantasien von immer neuen Variationen,
aber dies schenkt dir niemals wirkliche Befriedigung,
denn wirkliche Befriedigung kann nur der Körper empfinden
So – überlaß der Phantasie deines Körpers
das Schöpfen und Erfüllen.

Es kann sein, daß dein Verstand dir vorgaukelt,
du müßtest jemanden befriedigen.
Du müßtest dies oder jenes erreichen,
du müßtest einen Orgasmus erreichen,
du müßtest soundsoviele Orgasmen erreichen,
du müßtest einen bestimmten Lustpunkt in dir entdecken ...
Es gibt viele Bücher und Meinungen über dieses Thema,
aber ich habe niemals einen Menschen gefunden,
der auf Dauer mit der Hilfe von Büchern und Meinungen eine befriedigende Sexualität gefunden hätte.

Wohingegen der »Unwissende«,
derjenige, der seinem Körper folgt,
tiefe Befriedigung findet.
Oft ist es der Verstand, der sagt: Ich muß jetzt mit dieser Frau, mit diesem Mann Geschlechtsverkehr haben,
aber der Körper möchte nur streicheln,
der Körper möchte nur umarmen,
der Körper möchte nur fest gehalten werden.

Laß den Körper tun, was er möchte und sieh, was geschieht.
Beobachte, was geschieht.
Und freu dich an dem, was geschieht.
Erlaube der Weisheit der Zellen deines Körpers, den richtigen Weg zu suchen.

Du mußt absolut nichts tun,
dich nicht einmal bewegen,
kannst jede willkürliche Bewegung ausschließen.
Wenn du für einige Zeit mit deinem Partner ganz bewußt jede Bewegung, die vom Verstand kommt,
unterbindest,
und sagst, laß uns nur
zusammenliegen:
Ich garantiere dir dafür, daß nach nur wenigen Tagen,
wenn du durchhältst, ein Wunder geschieht.

Dein Körper
tut etwas,

und du schaust zu und bist erstaunt...
und du hast das Geheimnis entdeckt.

Glaubst du, Tiere lesen Bücher über Sexualität?
Aber jede Katze, jeder Hund weiß, was zu tun ist,
der Körper weiß es, die Zellen des Körpers haben es gelernt
wissen seit Urzeiten, was zu tun ist.
Und es ist ganz leicht, auch für den Menschen,
dem Körper zu folgen.

Es kann sein, daß das, was dein Körper tut, dem widerspricht, was du gelesen hast,
dem widerspricht, was dein Verstand dir einflüstert,
aber ich garantiere dir dafür, daß du
eine nie gefühlte Lust empfindest.

Und es ist wie ein Wunder:
Eine Bewegung, die dein Körper von alleine macht,
verschafft auch dem anderen unweigerlich Lust,
eine Lust, die unglaublich viel stärker ist, als das, was du kennst.

Viele Menschen haben gelernt,
sich beim Geschlechtsverkehr mechanisch zu bewegen.
Und diese mechanische Bewegung ist nicht natürlich,
sie wirkt wie alles,
was der Mensch tut, und was nicht mit der Natur konform geht
nicht fließend, nicht schwingend,
abgehackt und disharmonisch,
und verschafft nicht die Lust,
die dein Geburtsrecht ist.

Wenn du dem Körper erlaubst,
sich fließend, harmonisch zu bewegen,
wirst du nicht nur die natürliche Lust,
die Lust, die dir die Natur zugedacht hat,
wiedererleben,
sondern du wirst auch deinem Partner Freude verschaffen,
Lust verschaffen,
ohne ein einziges künstliches Mittel anwenden zu müssen,

ohne einen Trick aus einem Sexualkundeatlas anwenden zu müssen.

Und das Ziel der Sexualität
ist beim Menschen nicht nur die Fortpflanzung,
das Ziel ist nicht der Orgasmus,
das Ziel ist das Genießen dessen, was in diesem Moment zu fühlen ist.

Kein Ziel zu erreichen,

einfach dazusein,

einfach das zu genießen, was geschieht,

einfach die Freude zu genießen
ist genug.

Eine tantrische Meditation

Und du kannst dir jetzt einmal vorstellen,
du würdest in einem
warmen Bad liegen,
dein Körper würde schweben
im freien Raum,

völlig frei sein,
und es kann sein, daß dein Körper von einer angenehmen
Schwere erfüllt wird.
Es kann aber auch sein, daß er eine helle
Leichtigkeit spürt,
dunkle Schwere
oder helle Leichtigkeit,
aber ganz gleich wie er sich anfühlt,
kannst du dich tiefer und tiefer fallenlassen,
oder höher und höher schweben,
in diesen genußvollen Raum

kosmischer Freude,
göttlicher Energie,
in diesen Lichtraum des Lebens,
in diesen Urraum, in dem das Leben entstanden ist,
in diesen kosmischen Traum.

Und du spürst vielleicht, daß dein Körper
von feinsten Impulsen dieses Lebens,
von feinsten Impulsen göttlicher Energie
durchströmt wird.
Dieses
Pulsen . . .
kann sich in dir bemerkbar machen durch ein angenehmes
Prickeln,
ein Strömen, ein inneres Leuchten,
ein Weben, ein Glitzern.
Oder wie spinnwebfeine elektrische Impulse.
Es kann sein, daß
etwas in deiner Wirbelsäule
sich zu bewegen scheint,
den Rücken hinauf- oder hinunterläuft.
Und es kann sein, daß du
diese Energie mit etwas assoziierst,
was aussieht wie
blinkende Sterne
in einer klaren Nacht,
oder wie das Glitzern von Schnee-
kristallen
an einem leuchtenden Wintermorgen,
oder wie das Glänzen
der Reflexe auf der Oberfläche eines
Meeres
oder eines Flusses,
wenn die Sonne untergeht,
oder wie das Blinken von
Pappelblättern
im Wind

oder,
es kann sein, daß du irgendwelche anderen Bilder für dieses
Gefühl in dir
entdeckst.

Und es kann sein, daß
dieses Gefühl in dir stärker wird
und daß es sich mit
einer Erinnerung verbindet
an die Zeit,
als du dich sehr sehr geborgen fühltest,
als du sehr, sehr klein warst
und zufrieden
irgendwo
warm eingepackt
und umschlossen warst,
umhüllt warst
und dich rundum
wohl fühltest,
so daß deine ganze Körperoberfläche
sich anfühlte, als würde sie sich dem Gefühl
warmer Ausdehnung hingeben.
Da war eine
Sattheit, ein Sattsein
ein Geborgensein
ein Umhülltsein
ein heiteres
Fließen oder
Zerfließen.
In einer gewissen Weise
konntest du in diesem Zustand deinen Körper total fühlen,
aber gleichzeitig war es,
als ob dein Körper
nicht mehr existieren würde,
oder als ob dein Körper
mit dem Universum
verschmelzen würde.

Und es kann sein, daß du in diesem Moment
spürst, wie sich genau dieses Gefühl in dir
auszubreiten beginnt,
das Gefühl einer
lebendigen Anwesenheit in dir
das Gefühl warmen
zufriedenen Daseins in dir, das Gefühl
daß dein Blut
wie ein Fluß
durch die Adern deines Körpers
rollt
und fließt
dem Meer entgegen,
den tanzenden Pünktchen entgegen,
der Sonne entgegen,
vorbei an den rauschenden Pappeln
mit ihren winkenden Blättern,
vorbei an den Wurzeln,
die sich dem nährenden
Wasser entgegenstrecken,
und
auch du streckst dich
dem nährenden Wasser des Lebens entgegen, der nährenden göttlichen Energie entgegen, auch du fließt wie dieser Fluß, auch du strahlst wie diese Sonne, auch du leuchtest innerlich hell
wie ein Kristall.

Auch du kannst dich
in voller Pracht
entfalten,
innerlich frei sein,
dich ausbreiten, dich ausdehnen, dich total
dem Fließen
der Säfte in dir hingeben,
der Ausdehnung
in die Unendlichkeit.

Und es kann sein, daß mehr und mehr Bilder
deiner Vergangenheit
in dir auftauchen aus der Tiefe
deiner Seele.
Vielleicht Bilder, die
Jahrmillionen alt sind,
Bilder von
wachsenden
Bäumen,
sich öffnenden Blüten,

fließenden Flüssen,
schimmernden Ozeanen,
Bilder von
Perlmutt
und
Diamant,
von tiefblauen
unendlichen Himmelsgewölben,
von Wiesen voller Pusteblumen,
von Wellenfurchen
an einem warmen, unberührten Strand.

Und du kannst jetzt vielleicht ahnen,
wie es sich anfühlt,
wenn die zarten Härchen der Blüten
an den haarigen Bäuchen der Hummeln vorüberstreifen.

Wenn die Dünung die glatten, nassen Steine sanft hin und her rollt.

Wenn die Luft am zarten Flaum der kleinen Vögel entlang streicht,
wenn eine Katze ihre Kinder leckt.

Vielleicht siehst du auch Bilder von vollen Vorratskammern,
von großen reifen Sonnenblumen,
von reifen Früchten,

von einer
Prallheit des Überflusses.
Bilder von
wogenden Ähren,
von sanften Hügeln,
von schimmernden Wolken,
von runden
Kürbissen,
von prallen Kirschen,
von reifen Papayafrüchten
unter grünen
Blätterdächern,
von leuchtenden Orangen
und großen, runden Bäumen voller roter Äpfelchen,
von schummrigen Erdbeeren und
nassem Moos,
von feuchten Grotten und nassem Sand,
von schlammigen Pfützen
und dampfender Erde.

Und diese Stimmung
ist so faul,
so träge
und so wohlgefüllt von summendem, vibrierendem Leben
und doch
ruhig,
genießerisch . . .

Und alles, an was du dich erinnern kannst
– nicht erinnern mußt –,
kann sich auch in deinem Körper ausdrücken.
Es kann bedeuten, daß du
etwas hörst in dir wie
das Summen von
trägen
Bienen oder
Hummeln.
Oder daß du

schwere
Glocken läuten hörst,
oder den tiefen Ton eines Cellos oder einer
Orgel,
oder daß du
das feine Rascheln von
Blättern
im Wind zu vernehmen glaubst,
oder das an- und abschwellende
Rauschen des Windes,
der durch die Wipfel
streicht,
oder einfach dieses vielfältige
Frequenzgemisch
des Rauschens in deinem Ohr, das dich
vielleicht an das Meer erinnert
oder
an große Muscheln
oder Schnecken,
oder an einen Wasserfall
oder an das einlullende Murmeln
eines Bächleins...
Dieses Geräusch ist immer in dir,
auch dieses Gefühl der
absoluten Geborgenheit
des Lebens in dir
des Fließens in dir
des drängenden Sichentwickelnwollens, des
Sichausdehnens,
all dies ist immer und immer in dir.
Aber vielleicht kannst du es jetzt
mehr und mehr spüren,
dich wiegen lassen von diesem
wunderbaren,
klaren Gefühl,
dich hingeben an diese
harmonische Lebendigkeit in dir.

Und es kann sein, daß du in bestimmten Teilen deines Körpers
mehr und mehr diese Wärme spürst,
dieses Drängen,
dieses
lebendige
Wachsen,
diese Energie,
die ihren Überfluß
verströmen möchte,
diese Energie, die deinem Körper
die Befriedigung schenkt
zu wissen, daß er lebt,
die deinem Körper erlaubt,
sich selbst
total zu fühlen,
jede Faser, jedes Härchen.

Und du kannst vielleicht in diesem Moment
die gesamte Hautoberfläche
deines Körpers spüren,

alles gleichzeitig,
die Rundungen
das Erfülltsein,
das Strömen darin,
das Zusammenströmen
von heißer,
göttlicher
wunderbarer
prickelnder,
erregender
genießerischer
Energie.

Und es mag sein, daß dich diese Energie wiederum
an Gefühle aus deiner Kindheit erinnert,
als du vielleicht in den Armen
deines Vaters lagst

und dich kuscheltest
oder
als deine Mutter dich nährte,
als du gestreichelt wurdest,
als du dich in den großen Händen,
geborgen fühlen konntest,
als du geherzt und geküßt wurdest.

Und es ist möglich,
diese Gefühle
immer wieder zu erleben.
Und diese Gefühle sind deine Gefühle,
sie sind dein ureigenstes Eigentum.

Und du hast immer und immer die Möglichkeit, diese Gefühle wieder zu erwecken.
Du hast immer und immer die Möglichkeit, dich diesen Gefühlen wieder hinzugeben.
Spüre jetzt
das Strömen,
spüre jetzt
den Reichtum,
spüre jetzt
die Fülle.
Spüre, wie
der Fluß des Lebens dich stärker und stärker
durchströmt und sich in deiner Mitte mehr und mehr
konzentriert.
Es kann sein, daß dich diese Mitte
an irgend etwas
erinnert,

An
eine besondere Stimmung

in einem
Wald
zum Beispiel:

Wenn in der Dämmerung
die Tiere
einander
umstreifen
und umschmeicheln,
wenn die Sehnsucht nach Erfüllung
in der Luft liegt.
Nach einem Gewitter
oder vor einem Gewitter,
wenn sich irgend etwas
zusammendrängt,
zusammenbraut,
wenn ein Keim
die Erde durchstößt
und das Licht erblickt.
Wenn
ein Vogel zum ersten Mal
die Schale
durchstößt.
Wenn eine reife Frucht
aufplatzt,
wenn eine
Blüte sich
zu ihrer vollen Pracht entfaltet,
wenn die Ähren
schwer
an ihren Halmen
hängen
und sich sanft wiegen ...

Oder vielleicht erinnert dieses Gefühl dich an
einen warmen Sommertag,
als du auf einer Waldwiese
die Sonne
in deine Haut eindringen ließest?

Oder als du
etwas Warmes,

Kuscheliges
umarmtest?

Oder
nackt
durch einen warmen Regen
liefst,
oder dich
in frisch gefallenem Schnee
wälztest, oder
in einem einsamen See
dich treiben ließest

und dem leisen Plätschern der Wellen
lauschtest,
das warme Wasser umarmte dich,
umschmeichelte dich,
wie mit tausend
feinen, leichten Federn
oder Millionen weichen Zungen
oder wie
die zarte Samt-
Haut
deiner Mutter
oder wie
das warme Fell
eines geliebten Tieres
oder wie ein
warmes, frisch bezogenes Federbett
oder
wie der heilende Wind
der Südsee.
Und du kannst all diesen Gefühlen erlauben,
tiefer und tiefer in dich einzudringen bis sie dich
total
erfüllen,
du kannst dir erlauben,
tief in dich selbst einzudringen.

Und du spürst
wie dein Atem in dich eindringt,
wenn du einatmest
und aus welcher
Zufriedenheit,
aus welcher Befriedigung heraus,
du ihn wieder aus dir entlassen kannst.
Und du spürst, wie
dein Blut in dir strömt
zu deiner lebendigen Mitte
und wie dein Blut dir
diese Mitte
wieder bewußt macht,
wie dein Blut diese Mitte
füllt und ausfüllt,

wie die Lebenskraft sich
konzentriert in dir.
Und du kannst jetzt spüren, daß die Natur all dieser Energien
göttlich ist.

Und du kannst erlauben, daß diese
göttlichen Energien sich selbst
ihren Weg suchen, den Weg
ihrer Bestimmung,
und dieser Weg
kann heute ein anderer sein als morgen.

Es gibt Tage, an denen die Energie sich ausbreitet
bis in die feinsten Spitzen
deiner Haare
oder deiner Glieder,
bis in die feinsten Kapillaren
deiner Gefäße,
deines Blutes.
Und es kann sein, daß ein Rhythmus sich einstellt,
der Rhythmus
der Dünung

des Strömens,
der Rhythmus von Ebbe und Flut,
der Rhythmus des Mondes.

Und du erlaubst dieser Energie
dort hinzuströmen, wohin sie strömen möchte.
Du erlaubst dieser Energie
hin und her zu fließen,
in welche Richtung sie auch immer möchte,
und du erlaubst dieser Energie,
sich auszudrücken wie auch immer sie möchte.
Niemand macht dir Vorschriften,
was du mit dieser Energie
zu tun hast,
wo du sie erlauben darfst und wo du sie nicht erlauben darfst.
Diese Energie wurde dir von Gott geschenkt,
und du kannst diese Energie
in jede Richtung
fließen lassen.
Du kannst aber auch dieser Energie erlauben,
einfach nur dazusein,
kannst dieser Energie erlauben,
dich auf einen Bewußtseinszustand zu heben,
wo du voller Kraft bist,
voller Lebensfreude,
voller Genuß,
voller Fühlen,
voller
Liebe
voller Herzlichkeit
voller Zärtlichkeit.

Und du kannst dies alles nun wirklich in dir spüren,
den Genuß,
die Freude,
die Liebe,
die Zärtlichkeit,
das Aus und Ein,

deinen Atem,
das Klopfen deines Herzens,
die Erwartung.

Das Sichöffnen,
die Hingabe.

Dieses
Die-ganze-Welt-Umarmen.
Und du umarmst nun die Welt
und die Welt umarmt dich,
du bist eins mit der Welt.

Da ist nur noch
Verschmelzung
und wunderbare göttliche Energie.

Du bist einfach da
und fühlst
das Leben und das Universum,
und das ist gut.

In einer gewissen Weise hast du die Welt neu erschaffen, und die Welt sieht aus
wie neu.
Die Welt leuchtet,
die Welt lebt.
Die Welt ist perfekt so wie sie ist.
Und du erlaubst dir,
dich diesem Gefühl nun ermattet hinzugeben.
Dieses Meer der göttlichen Energie
kann dich
sanft
schaukeln.
Und die Wellen streicheln dich sanft,
aber auch ein Sturm
ist in Ordnung,
auch hohe Wellen sind in Ordnung,
es ist in Ordnung, daß diese göttliche Energie mit ihrer

lebensspendenden Kraft
dich an die Gestade
der Ruhe des Schlafs spült,
wo du
dich auf den neuen Tag freuen darfst

Die Macht des Unterbewußtseins

Eine neue Subliminaltechnik

In letzter Zeit sind auf dem wachsenden Markt für Suggestionskassetten sehr viele »Subliminalkassetten« aufgetaucht. Sie enthalten Suggestionen, die von einem Computer so aufbereitet wurden, daß sie für unser Ohr nicht mehr bewußt aufnehmbar sind. Man will damit erreichen, daß der Verstand den Prozeß der Aufnahme nicht mehr stört – etwas, was ich mit vielen meiner Methoden auch auf andere Weise bewirke.

Ich arbeite gern mit einer anderen Methode, um Botschaften ans Unbewußte zu richten – mit der *Stereotechnik,* die ich seit längerer Zeit ausgiebig erprobt habe.

Der folgende Trancetext in Stereo bezieht seine Wirkung nicht nur aus den Worten selbst, sondern hauptsächlich auch aus den noch wenig erforschten, geheimnisvollen Effekten, die durch das gleichzeitige Einwirken von Stimmen in beide Ohren während der Trance entstehen.

Einige Teile der Nervenbahnen, die von den Ohren zum Gehirn führen, kreuzen sich mehrfach, und andere sind direkt mit den Gehirnhälften verbunden. Niemand weiß, welche Informationen durch welche Nervenfasern fließen. Manche Höreindrücke dürften in beiden Gehirnteilen gleichermaßen ankommen, andere nicht.

Wenn man bei meinen mit der Stereotechnik hergestellten Kassetten die Kanäle vertauscht, verändert sich bei manchen Menschen die Wirkung, das kann aber auf Einbildung oder Programmierung beruhen.

Nach neueren Experimenten von M. Gozzaniga (Cornell-University, New York) besteht der Unterschied der Gehirnhälften nur darin, daß die eine Seite das Sprachzentrum *zusätzlich* beherbergt, sie ist aber ansonsten der anderen Seite keinesfalls unterlegen. Eine bisher angenommene »Schwäche« der linken Hemisphäre im intuitiven Erfassen entpuppte sich bei Gozzanigas Versuchen lediglich als Langsamkeit, die nur dadurch entstand, daß das linke Hirn versuchte, seine Eindrücke zusätzlich zu interpretieren und sprachlich zu formulieren.

Was auch immer die Experten letztendlich herausfinden werden, der nachstehende Trancetext kann folgende Wirkung hervorrufen:

- Tiefe Trance, da der bewußte Verstand durch den vergeblichen Versuch, beide Seiten gleichzeitig zu verstehen, verwirrt und überlastet wird.
- Wenn rechts und links gleichzeitig das gleiche Wort ertönt, verstärkt sich die suggestive Kraft dieses Wortes, insbesondere, wenn rechts und links in einem jeweils anderen Zusammenhang von der gleichen Sache gesprochen wird. Die eigentliche Aussage spielt dann unter Umständen keine Rolle mehr, das Bewußtsein folgt nicht etwa der Logik des Textes, sondern nur noch den Kräften der verwendeten Reizworte.
- Wenn rechts und links die genau gegensätzliche Aussage gemacht wird, zum Beispiel links das Wort »größer« und gleichzeitig rechts das Wort »kleiner« zu hören ist, dann wirkt das neutralisierend und entspannend. Man kann sich damit von einer belastenden Thematik lösen, in einen anderen Bewußtseinszustand gleiten, und für positive neue Suggestionen offen werden. Dies erinnert an die Wirkung eines Witzes – man lacht und öffnet sich gleichzeitig. Diesen Effekt habe ich jedenfalls oft am Beginn einer Trance beobachtet. Viele Menschen lachen wirklich zunächst, wenn sie vergeblich versuchen, beide Stimmen »unter einen Hut zu bringen« (man achte auf die Metapher »unter einen Hut bringen«!).

- Wenn sich links und rechts verschiedene Argumente schnell ablösen, so bewirkt das eine erhebliche Verstärkung der suggestiven Wirkung für den eher rationalen Menschen, wenn sich gleiche Argumente links und rechts wiederholen, so wirkt dies eher auf den intuitiven Typus.
- Suggestionen wirken allgemein stärker, da der Hörer sehr stark fasziniert und beschäftigt wird und gar nicht dazu kommt, an etwas anderes zu denken oder mit seiner Wahrnehmung abzuschweifen.
- Unterschiedliche Aussagen links und rechts können sich »in der Mitte« zu einer neuen Aussage verbinden, wenn die Worte entsprechend gewählt und ineinander verschachtelt werden. Dadurch entsteht eine Art »Subliminaleffekt«.
- Nach meiner Beobachtung regredieren die Versuchspersonen ziemlich stark, wenn man eine weibliche und eine männliche Stimme für die verschiedenen Seiten wählt, vielleicht deshalb, weil die Situation an die frühe Kindheit erinnert, als Vater und Mutter sich mit dem Kind jeweils auf ihre Weise beschäftigten.

Allgemein kann man sagen, daß die Stereotechnik Neuland ist – sie sind herzlich aufgefordert, selbst damit zu experimentieren! Texte, die in irgendeiner Form mit Gegensätzen zu tun haben, bieten sich zu Versuchen mit der Stereotechnik an.

Leider ist es technisch nicht einfach, eine Trance in Stereo herzustellen, da man mit einem normalen Stereokassettenrekorder die Kanäle nicht nacheinander aufnehmen kann. Ich selbst benutze einen »Multitracker«, einen Kassettenrekorder mit vier Spuren. Am einfachsten ist es aber, wenn Sie mit einem Partner gleichzeitig in ein Stereomikrofon sprechen.

Die Trance beginnt mit einer normalen Einleitung, die aus der Mitte zu hören ist, anschließend kommt der Stereoeffekt der beiden Stimmen, der nochmals dadurch verstärkt wird, daß man in der Trance sensibler ist.

Die Erweckung der Seele

Einleitung (beide Kanäle)
Und du kannst jetzt
ruhiger und ruhiger werden.

Einfach so liegenbleiben.

Es gibt nichts zu tun.

Atmen.

Und weiter sehr aufmerksam bleiben.

Den Körper spüren.

Du bist schon ruhiger geworden,
seit du da liegst.
Dein Körper hat es von alleine getan.

Du hörst meine Stimme.

Und es kann sein,

daß du in eine tiefe Trance gehen wirst.

Auch wenn du nicht genau weißt,
was eine Trance ist.
Dein Körper weiß es genau.

Es kann sein, daß du in eine tiefe,
hypnotische
Trance
gehen wirst.

Und auch, wenn du nicht genau weißt,
was das ist,
dein Körper weiß es.

Es ist keinesfalls so, daß du in eine Trance gehen mußt
Du mußt gar nichts tun.
Es genügt, einfach liegenzubleiben,

zu warten,

zu fühlen,

zu atmen,

zu warten,

zu fühlen,

zu atmen,

warten,

fühlen,

atmen.

Warte . . .

fühle . . .

atme . . .

. . . und du kannst es mehr und mehr genießen,
einfach dazuliegen.

Und du kannst schon nicht mehr sicher sein, ob du nicht bereits
in einer Art
Trance
bist.

Du kannst nicht sicher sein,
ob du nicht in einer Art
Hypnose
bist . . .

Hypnose ist ein Zustand, in dem man sehr wohl
alles tun kann, was man tun möchte.

Aber es ist auch ein Zustand,
in welchem man eigentlich gar nichts tun möchte,
nichts,
als nur so dazuliegen,
und die Gedanken

langsamer
und langsamer
werden zu lassen . . .

Man kann sich Gedanken
schon wie Wölkchen vorstellen,
weiße Wölkchen an einem blauen Himmel,
und sie ziehen vorbei,
aber sie werden langsamer . . .

es werden immer weniger . . .
immer weniger . . .
weniger
Wölkchen . . .

Bald ziehen nur noch einzelne Wölkchen vorbei
einzelne Gedanken,
und man kann förmlich sehen,
wie sie langsamer werden,
langsamer . . .
und langsamer . . .

Und selbst wenn noch Gedanken kommen,
es interessiert dich gar nicht mehr . . .
Es ist so angenehm, einfach dazuliegen,
zu atmen . . .
es ist so angenehm,
die Wärme im Körper zu spüren . . .
es ist so angenehm,
das Strömen
oder Prickeln
in den Händen zu spüren . . .
es ist so angenehm,
sich mehr und mehr fallen zu lassen,
zu entspannen . . .

(linker Kanal)

Was auch immer dein
Verstand sagt,

du bist frei
in deinen Gedanken.

Die Dinge geschehen.

Ob du willst, oder nicht,

dein Gefühl wußte schon
immer, was für dich gut ist . . .

Dein Gefühl weiß:

Du bist hier

und lebst,
bist geborgen.

Dein Gefühl weiß
daß der Verstand ruhen kann,
im Schlaf.

Der Verstand versteht nur,
was verstehbar ist.

Dein Verstand versteht

alles, was er möchte.

(rechter Kanal)

Du hörst auf dein Gefühl,
denn zu tun, was du möchtest,
ist deine Freiheit.

Die innere Freiheit ist
grenzenlos, die Freiheit der
Seele ist ihre Natur.

Ob du es weißt oder nicht . . .

Es gibt das Wunderbare, die
andere Seite,

und jetzt kannst du sie
mehr und mehr spüren.
In dieser Aura
ruhst du und wirst erquickt.

Es gibt mehr, als das, was du
weißt.
Wirst du erfahren, daß alles
möglich ist?

Dein Gefühl weiß, was alles
möglich ist,
es weiß,
daß ALLES möglich ist:
Wunder über Wunder.

(linker Kanal)

Laß dich überraschen,
von dem, was geschieht.

Sind nicht schon seltsame
Zufälle in deinem Leben

geschehen?

Das Bewußte ist ein winziger
Teil dessen, was geschieht,

der kleinere Teil

dessen,
was man wissen könnte.

Doch viel mehr ist möglich,

es war schon immer so.

Kreativität,
Produktivität,
Erfolg,

haben schon immer aus der
Quelle der Intuition
geschöpft.

(rechter Kanal)

Das Wunderbare ist möglich,
weil es diese Freiheit gibt,

dieses grenzenlose innere
Universum,

in dem du dich bewegen
kannst,
mit Lichtgeschwindigkeit.

Wunder über Wunder sind
dort möglich.

Der größere Teil von dir

gehört dieser anderen
Dimension an.

Der größere Teil von dir
ist göttlich
und göttlich sein heißt:

Schöpfer sein,
erschaffen,
was du dir erträumst,
Wirklichkeit werden lassen,
was deine Bestimmung ist.

Folge dem Strom deines
Gefühls,

von seiner göttlichen Quelle
im innersten Kern deiner
Seele,

(linker Kanal)	*(rechter Kanal)*
Und dein Leben	
wird erfolgreicher	und du wirst reicher und
und erfolgreicher,	reicher,
	beschenkt von der
	allgegenwärtigen Energie,
das Wissen dringt mehr und	
mehr in dich ein.	aus der du bestehst,
	die dich umhüllt,
	die deine Welt ist.
	Und du wirst zu einer Einheit,
Und du denkst	
positiver und	du wirst zum Schöpfer,
positiver,	
schöpferischer und	zu einem Schöpfer,
schöpferischer,	
kreativer und kreativer,	
liebevoller und liebevoller.	voller Liebe,
	und voller Freude.
Freude erfüllt dich.	Die Erfüllung deiner Träume
	ist in greifbare Nähe gerückt,
Und endlich be-greift	
dein Verstand.	weil du die größere
	Dimension deines
	Lebens mehr und mehr in dir
	spüren kannst.
	Als Weisheit,
Du kannst also lernen, auf den	
unbewußten Teil deiner selbst	als Stimme Gottes,
zu hören,	als Erleuchtung,
zu lauschen,	als Intuition.
zu lauschen,	Du hörst die feine Stimme
zu hören . . .	in diesem Moment.

(linker Kanal)

Du kannst auf diese feine
Stimme
in deinem Inneren hören,
auf dieses Wissen,
auf diese Weisheit,

uralt und klug.

Du wirst in Zukunft mehr und
mehr
auf diese feine Stimme
lauschen,

die aus dem Unbewußten
herüber klingt
und versucht,

dir etwas mitzuteilen,

schon seit langem,
schon solange du lebst.

Gerade in diesem Moment

hat Dein Unbewußtes Dir
etwas Wichtiges mitzuteilen
und du mußt nur darauf
lauschen,
darauf lauschen

und dich mehr und mehr
öffnen,
für diesen Teil deiner selbst.

(rechter Kanal)

Spürst du nicht deinen
Körper,
spürst du nicht
deine Hände,
spürst du nicht deine Knie,
deinen Bauch?

Spürst du dein Herz

in diesem Moment,
deine Kehle,
deine Stirn,
deine Wirbelsäule.

Spürst du die Mitte deiner
selbst?

Spürst du den Punkt zwischen

deinen Augen?

Spürst du das Leben in dir?
Lausche,
sei offen,

sei bewußt,

höre,

(linker Kanal)

Der Gott in dir
hat dir etwas mitzuteilen,
und du mußt nur auf die feine
Stimme lauschen

Und gerade jetzt
verschwimmen die Konturen,
verwischen sich die
Eindrücke,
verwirren sich die Fäden,
scheinen die normalen
Alltagssymbole
sich zu verwandeln
in etwas anderes,
verändern sich,
verwischen sich,
werden umgewandelt in eine
völlig neue Sprache,

in die Sprache des Traumes

eine andere Symbolik,
Archetypen

Träume
Phantasien ...
Dinge vermischen sich
miteinander,
Dinge,
die scheinbar nichts
miteinander zu tun haben,
das ist Alchemie,
das ist heilige Magie.

(rechter Kanal)

fühle
in diesem Moment,
spüre
das Weben,
spüre die Bewegung.
Spüre die feinen
Schwingungen
Höre ...
Spüre ...
Fühle ...
Spüre.
Deine Sinne sind offen

und wach
und fühlen
die feinen Vibrationen

der Seele.
Spüren die feinen
Schwingungen in dir,
in der Tiefe,
in deinem Körper
und in deinem Geist,
und in deinem Dasein.

Deine Seele
ist erfüllt
von dieser Anwesenheit,
von diesem fühlbaren,
schon lange erahnten,
uralten,
Traum,
der doch realer ist,
als die Realität.

(linker Kanal)

(Musik)

Der Verstand versucht
zwar immer
noch zu be-greifen,

doch die Seele versteht längst
die andere Dimension,
die rechte Seite deines
Gehirns
das innere Universum

auf ihre eigene Weise,

auf eine Weise,
die der Traummensch

fast jede Nacht erlebt,
in der er fast jede Nacht

sich ausruht,

sich erholt,
sich regeneriert,

neue Kräfte schafft.

Aus dieser Welt stammst du,

das ist dein wirkliches
Zuhause,

(rechter Kanal)

Aber da ist längst dieses
unbegreifliche,

unbeschreibliche

Gefühl.

Das unbeschreibliche Gefühl

eines Da-Seins.

Strahlen,

ein Schein von etwas,
wie ein Hauch,

wie ein spinnwebfeines

Glitzern.

Und so sehr du auch zu
verstehen
suchst, was die andere Seite
spricht,

(linker Kanal)

das ist die Welt, aus der du kommst,
und das ist die Welt,

in die du gehen wirst,

auf die du dich vorbereitest
in jeder Minute,
auch in dieser Minute,
in jedem Augenblick deines Lebens.

Dieses Leben
ist ein Zwischenstadium,

ein Lernprozeß,

eine Vorbereitung

auf etwas anderes.

Und dieses andere nimmt
schon jetzt einen sehr viel
größeren Raum in dir ein,
als du denkst.

(rechter Kanal)

es ist nicht mehr möglich,
weil du längst dort bist,

hier bist,

im ewigen Hier und Jetzt.

Du bist längst im Zustand der Gnade,

im Zustand der Weisheit,

der das gesamte Wissen des Universums

in sich trägt.

Verstehen,
was diese andere Seite
spricht, ist nicht nötig,

weil du in diesem
wunderbaren

(linker Kanal)

Dieses andere
kann nun
mehr und mehr in dich
eindringen,
kann sich entfalten, kann
seine Samen
in die Erde deiner ewigen
Seele senken,
so daß die Bäume der
Erkenntnis wachsen,
und die Welten sich
durchdringen
und EINS werden . . .
so daß sich erfüllt,

wozu du geboren bist,

wozu auf dieser Welt

du DA bist,

auch in diesem Moment,

auch in diesem Raum,

und du hast schon gespürt,
daß diese Welt stärker und
stärker wird,
und dich durchdringt

(rechter Kanal)

Raum bist,
wo alles verfügbar ist,

wo alles bereits geschehen ist

Erkenntnis,

Gottheit,

Erleuchtung,

Wissen,

Leben,

das Göttliche,

Unendlichkeit.

Das Universale,

(linker Kanal)

und du weniger zu

ver-stehen suchst,

sondern fühlst,
schmeckst,
riechst,
mit deinem ganzen Wesen
eindringst
und wahrnimmst,
was du bist,
und was dieser
dein Kern dir mitzuteilen hat.

Öffne dich total,
gib dich total hin,
und du wirst die ewige

Wahrheit erfahren.

Integriere es in dein ganzes
Sein,
in dein ganzes Wesen.

(rechter Kanal)

das Schöpferische,

das Licht,
das All-Eins-Sein.

Genieße es,
lebe es,
erfülle es,
und laß dich davon erfüllen,
es wird bei dir bleiben,
es wird dich be-EIN-flussen,
so daß du EINS wirst,
so daß du zu einem Fluß wirst,
so daß du göttlich wirst,
so daß du Gott wirst,
so daß du du selbst bist.

Die Wahrheit
ist hier und jetzt.
Die Wahrheit
ist unteilbar,

Die Wahrheit
ist dein Geburtsrecht,

(linker Kanal)	*(rechter Kanal)*
	das, was du für immer und alle Zeiten bekommen hast,
Denn du bist es für immer für ewig.	als Geschenk Gottes, in Ewigkeit.

So – Sein

Du liegst da,
in diesem Raum,
in dieser Realität,
und du hörst, was du hörst,
und du siehst,
was du siehst.
Und du riechst, was du riechst.

Und du weißt, daß du einen Körper hast,
und du weißt,
du bist es,
der das alles wahrnimmt.

Du kannst jetzt deine Augen schließen,
und du siehst immer noch
das,
was du siehst.

Und du kannst wissen,
daß alle diese Wahrnehmungen
in dir
stattfinden.

Kann es eine Realität außerhalb von dir geben?

Wenn du durchs Leben gehst:
Du nimmst die Dinge um dich herum wahr,

aber nimmst du sie wirklich *wahr?*
Sind es nicht nur Abbilder in deinem Gehirn?
Rekonstruktionen,
zweidimensionale Projektionen
auf dem Hintergrund deiner Augen,
die man abtasten kann,
und die man interpretieren muß?
Sind es nicht nur Farbmuster
auf der Netzhaut deiner Augen,
die dein Gehirn interpretiert?

Es kann nicht die Realität sein,
denn wie könnte zum Beispiel das weit Entfernte kleiner sein
kleiner wirken,
als das Naheliegende?

Die Illusion, daß du der Mittelpunkt deiner Welt bist,
entsteht nur dadurch, daß das Entfernte kleiner wirkt.
Die Illusion deines Ego beruht auf einer simplen optischen Täuschung.

Der Mensch, den du von weitem siehst,
ist genauso wichtig wie du, genauso groß,
oder genauso unwichtig,
genauso klein.

Alles, was existiert,
existiert gleichberechtigt nebeneinander.
Was du wahrnimmst, ist Illusion.

Schau dir einen Würfel an:
Du kannst allerhöchstens drei Seiten sehen,
und nur die Oberfläche.

Siehst du die Wirklichkeit,
wenn du nur die Oberfläche siehst?
Nur drei Seiten?
Was ist innen, in dem Würfel?
Was ist auf den anderen Seiten zu sehen?
Und siehst du den Würfel wirklich?

Oder siehst du nur das Licht,
das seine Oberfläche reflektiert?

Ein Würfel bleibt ein Würfel
im Dunkeln,
im Weltraum.
Auch wenn er nichts reflektiert, bleibt er ein Würfel.
Und dennoch scheint er für dich verschwunden.
Und was ist,
wenn du den Würfel unterm Mikroskop betrachtest?
Die scheinbar glatte Oberfläche wird zu einem Gebirge,
verkarstet, verkrustet.
Und wenn du noch genauer hinschaust,
dann besteht der Würfel plötzlich aus Molekülen.
Und wenn du noch genauer hinschaust,
kannst du Atomkerne sehen,
umkreist von Elektronen.
Und zwischen den Atomkernen und Elektronen
unvorstellbar weiter Raum.
Und plötzlich bemerkst du, daß der Würfel
hauptsächlich aus leerem Raum besteht.
So leer wie das Universum.

Unsere Wahrnehmung
täuscht uns,
spiegelt uns eine Realität vor,
die nicht existiert,
an die wir uns aber gewöhnt haben.

Die Realität existiert in unserem Kopf als eine Interpretation
die einen gewissen praktischen Wert hat,
um zu überleben,
um zu kommunizieren,
aber es ist eine Interpretation, eine Scheinrealität.
Das ist es, was die Inder mit »Maja« bezeichnen.
Ein Traum.

Und wenn du nach innen gehst,
und dein inneres Universum wahrnimmst,

was ist dort real?
Die elektrischen Impulse?
Die chemischen Veränderungen?

Wir fühlen etwas,
und interpretieren.
Und manche Menschen interpretieren so,
daß sie Nutzen daraus ziehen,
daß sie besser überleben.
Und andere interpretieren
gegen ihre eigenen Interessen.
Aber all das bleibt Interpretation.
All das ist nicht Realität.
Tatsache ist,
daß wir die Realität nicht empfinden können wie sie ist.
Unzweifelhaft existiert sie.
Und unzweifelhaft
bleiben wir auf verlorenem Posten.
Und seit Jahrtausenden haben bestimmte Menschen dies erkannt.
Und seit Jahrtausenden suchen sie nach etwas,
das bleibt, das wirklich real ist,
das in ihnen unzweifelhaft und wirklich existiert.

Und das, was bleibt,
bist du, der,
der empfindet.
Derjenige,
der interpretiert,
der Zeuge.

Deine Gedanken sind Wahrnehmungen.
Wahrnehmungen elektrischer Impulse oder chemischer Veränderungen.
Deine Träume sind Wahrnehmungen, deine Gefühle sind Wahrnehmungen.
Die physische Realität existiert als Wahrnehmung.
Alles Wahrnehmung,
aber keine Realität.

Selbst die Zeit ist nur eine Wahrnehmung.
Es gibt keine Zeit.
Zeit ist ein subjektives Gefühl.
Und es kann sich ändern.
Ein Berg hat ein anderes Zeitgefühl
als eine Biene.
Ein Baum hat ein anderes Zeitgefühl
als ein Stern.

Das Universum um dich herum existiert vielleicht,
vielleicht auch nicht.

Was aber mit Sicherheit existiert, ist Wahrnehmung.

Doch Wahrnehmung kann ausgeschaltet werden.
Und der Zeuge
kann allein
übrigbleiben.
Der Zeuge kann sich selbst nicht wahrnehmen,
sonst wäre er nicht der Zeuge.
Oder sonst wäre das, was wahrgenommen wird, nicht der Zeuge.
Denn Zeuge heißt: der, der wahrnimmt.
Aber jede Wahrnehmung kann aufhören.
Und was dann bleibt,
ist der Zeuge.

Und dann erlebst du,
Samadhi,
Satori.
Aber die Wahrnehmung kommt zurück,
unweigerlich.
Sonst wäre das Überleben nicht möglich.
Der Mensch muß wahrnehmen.

Und von deinem Satori bleibt das Bewußtsein,
daß du in Wirklichkeit der Zeuge bist,
und daß alles Wahrgenommene
nur Maja ist.

Schein,
Traum,
Phantasie.
Auch »Erleuchtung« ist Traum.

Es gibt keine Erleuchtung.
Es kann keine Erleuchtung geben, denn
es gibt nur diesen Augenblick.
Und diesen Zeugen in diesem Augenblick.
Und das,
was der Zeuge wahrnimmt.
Es gibt nichts,
was wir Menschen als wirklich real erkennen können,
wirklich als real ansehen können,
außer dem Zeugen.
Aber der Zeuge kann sich nicht erkennen.
Er kann nur dasein.

Und in diesem Dasein
ist die höchste Verwirklichung.

Wer dies erkannt hat, wer dies erlebt hat,
weiß.

Menschen leben in ihrer Welt,
jeder Mensch lebt in seiner Welt,
und jeder nimmt seine Wahrnehmung wahr.
Und jeder hält seine Welt
für die Realität.

Und es kann keine wirkliche Verbindung zwischen Menschen geben,
auf der weltlichen Ebene.

Es kann Verständigung geben,
annähernde Kommunikation.
Aber kein Einssein.

Wenn ein Mensch den Zeugen kennt,
und er Zeuge ist

und nichts wahrgenommen wird,
kann es Einheit geben. Tatsache ist,
daß das die einzig mögliche Einheit ist.

Tatsache ist, daß alle Zeugen
in Wirklichkeit *ein Zeuge* sind.

Unter der Schale der Wahrnehmungen,
unter der Schale der scheinbaren Realitäten
ist der Kern
aller Wesen eins.
Und man könnte dies bezeichnen mit dem Wort
Gott
oder göttliches Bewußtsein.

Der Zeuge hat diese Realität
in Wahrheit selbst erschaffen,
um sich selbst zu finden,
um zurückzukehren zu sich selbst.

Der eine große Zeuge,
der eine große Gott,
hat sich scheinbar
aufgeteilt.

Und ein Mensch,
der diesen Zeugen erlebt hat,
– und das Wort ist schon falsch,
weil man den Zeugen nicht erleben kann,
aber die Sprache
ist eine Sprache der Maja,
gehört zu dieser Seite der Realität –
ein Mensch,
der dieser Zeuge ist, der diesen Zeugen kennt,
hat Gott verwirklicht.

Und das ist sehr viel,
aber es ist auch nichts Besonderes.

Und all die Gebäude von Gedanken,
Träumen,
Religionen,
Verwirklichung, Selbstverwirklichung,
all die Übungen,
dienen nur einem Ziel:
zu wissen,
daß du dieser Zeuge bist.

Und du kannst es in diesem Moment erfahren.
Jetzt.

. . . .

Und wenn du es erfahren hast,
kannst du auf einer intellektuellen Ebene wissen, daß es so ist.
Und du kannst es öfter erfahren und öfter.
Du kannst dieses Wissen einfließen lassen in dein tägliches Leben.
Und auch das ist in einer gewissen Weise nur ein Modell der Realität,
wie andere Modelle auch.
Aber es ist ein Modell,
das den Duft des TAO um sich herum
verbreitet.
Es ist nicht unbedingt ein Modell,
mit dem man besser überleben kann,
es ist nicht unbedingt ein Modell,
durch das man besser kommunizieren kann.
Es hat überhaupt keine besonderen Eigenschaften.
Aber es ist ein Modell,
das dich total befriedigt,
das dein Suchen aufhören läßt,
das dich ruhiger
und ruhiger werden läßt.
Das dich ruhen läßt
im reinen Sein.
Und es ist Ekstase.

Es ist eine Ekstase,
die alle anderen kleinen Freuden vergessen läßt,
eine Ekstase, die dich zufrieden sein läßt,
wo auch immer du bist,
wer auch immer du bist,
welches auch immer
deine Situation ist.

Und du kannst weiter das tun, was du tust,
Tatsache ist, daß du erst jetzt wirklich damit anfangen kannst
zu tun, was du tust.

Und wenn du redest, redest du,
wenn du gehst, gehst du,
wenn du schläfst, schläfst du und wenn du träumst, träumst du
Es ist alles, wie es vorher war,
nichts hat sich geändert.
Aber es hat eine andere Qualität bekommen,
eine göttliche Qualität.

Alles, was du tust, ist Meditation,
selbst, wenn du denkst, meditierst du.
Wenn du sprichst, meditierst du.
Wenn du badest, meditierst du.
Wenn du Deine Haare kämmst, meditierst du.

Gott kämmt sich die Haare,
Gott spricht,
Gott denkt.
Es hat sich nichts geändert.
Alles ist, wie es ist.
Und wenn der andere spricht,
spricht auch Gott,
wenn der andere denkt, denkt auch Gott.
Wenn der andere sich die Haare kämmt, kämmt sich Gott die Haare.
Aber du weißt es.
Und der andere weiß es nicht.

Und das einzige, was dir zu tun bleibt,
ist das, was du tust,
was auch immer du tust.
Aber alles, was du tust, ist eine Lobpreisung.
Ein Gebet.
Ein Halleluja.

Und zu wissen, daß du der Zeuge bist,
daß du Gott bist,
heißt nicht,
daß alles bleibt, daß sich nichts mehr ändert.
Es heißt,
im Gegenteil, daß sich alles sehr schnell ändert.
Denn in einer gewissen Weise bist du eins geworden mit allem, was existiert
und alles, was existiert, verändert sich sehr schnell.
Die Natur der Dinge ist die Veränderung.
Veränderung ist das einzige Beständige
in der Natur.

Und du bist zur Natur geworden, du bist ein Teil der Natur geworden.
Und du beobachtest die Veränderung und wunderst dich.
Du wunderst dich über alles,
was du tust und was du denkst und was du sagst und was du träumst.
Tatsache ist, daß du eine einzige große Verwunderung geworden bist.
Wunder passieren,
Wunder über Wunder!
Und es sind keine Wunder, wie sie in der Bibel beschrieben werden.

Es sind Wunder wie
ein Bad zu nehmen,
zum Himmel zu schauen,
die Wolken ziehen zu sehen,
die Vögel zwitschern zu hören,

den Mond aufgehen zu sehen,
den Regen tröpfeln zu hören,
Farben und Formen zu sehen und wahrzunehmen,
Menschen, Pflanzen, Tiere...

Und jeder Tag ist so frisch, so neu,
als wärst du neu geboren.

Tatsache ist,
daß du in jeder Sekunde neu geboren wirst.
Jede Sekunde ist ein großes Wunder.
Und du brauchst nicht darüber zu sprechen.

Du kannst darüber sprechen,
wenn du möchtest.
Du kannst alles tun, was du möchtest,
es gibt keine Grenzen mehr für dich.
Aber du brauchst nicht darüber zu sprechen.

Tatsache ist,
daß es besser ist, nicht zu sprechen.
Und wenn du sprichst,
so kannst du sagen,
ein Medium hat durch dich gesprochen.
Weil die Menschen es nicht verstehen können,
daß du etwas gefunden hast,
was ewig ist.
Weil du das Einzige gefunden hast, was ewig ist.
Das Einzige, was bleibt.
Der Zeuge.
Sie suchen nach dem Beständigen,
alle.
Sie suchen es in der Materie, in Gold und Diamanten
sie suchen es in der Kunst, in der Philosophie, in ihren
Gedanken,
in der Religion,
in ihren Vorstellungen von Gott.
Sie suchen es überall.
Sie suchen es außerhalb.

Und es wird welche geben, die es in dir erkennen.
Und wieder glauben sie, es sei außerhalb.
Aber man kann es nur
in sich selbst finden.
Aber wenn du ihnen das sagst,
werden sie nicken und sagen: »Ja, das habe ich auch gelesen
und wieder haben sie es weggeschoben.

Wenn du es gefunden hast,
gib ihm keinen Namen,
nenn es nicht »Erleuchtung«, denn Erleuchtung ist wieder etwas, das außerhalb von dir ist.

Man kann dem
keinen Namen geben.
Es ist die namenlose Leere,
es ist das Nichtexistierende, Nichtwahrnehmbare.
Und alle, alle Buddhas,
alle Meister
haben es nicht vermocht,
etwas Wahres
darüber zu sagen.
Wenn es irgendwo verborgen ist,
dann nur im Schweigen.

Das Verzeichnis positiver Wörter

Ein wertvolles Werkzeug

Sie können das Verzeichnis für alles mögliche benutzen, beispielsweise für die Erstellung positiver Suggestionen und Texte. Aber die Beschäftigung mit den einzelnen Wörtern gibt auch Hinweise auf Ihre eigene psychische Struktur – wenn Sie bei einem bestimmten Wort absolut nicht sehen können, was daran positiv sein soll, so mag dies ein Hinweis sein, daß Sie sich mit dem betreffenden Wort, und damit der dazugehörigen Vorstellung beschäftigen sollten. Wenn Sie zu für Sie »fragwürdigen« Wörtern positive Bedeutungen suchen, Vorstellungen entwickeln, sich überlegen, in welchem Sinnzusammenhang das Wort eben doch positiv ist, werden Sie wirkliches positives Denken im Sinne des Wortes betreiben. Das Nachplappern irgendwelcher Suggestionen ist noch lange kein positives Denken, aber Gehirnakrobatik mit den Wörtern des Lexikons bringt Sie wirklich zu einer Verbesserung Ihrer Denkweisen und automatischen Denkabläufe.

Manche Wörter haben nur in einer ganz bestimmten Bedeutung oder bei einer bestimmten Anwendung einen positiven Sinn – achten Sie darauf, daß Sie jeweils wirklich die positive Bedeutung erfassen. Sie können Wörter in Ihrem Kopf genauso »umschlagen« lassen, wie die berühmten Vexierbilder, bei denen man mal eine alte Frau, mal ein junges Mädchen oder entweder zwei Gesichter oder einen Pokal zu sehen glaubt.

Manche Wörter haben ein Fragezeichen erhalten, sie sind Verneinungen des Negativen. (Vergleichen Sie hierzu das Kapitel über die direkte Suggestion.) Nach meiner Erfahrung sollte man aber solche Wörter nicht dogmatisch vermeiden, denn die ursprüngliche negative Bedeutung des Wortstammes kann für Ihr Unterbewußtsein »in Vergessenheit geraten« sein. Spüren Sie im Einzelfall in sich hinein und entscheiden Sie sich nach Gefühl.

Das Verzeichnis ist über einen langen Zeitraum hinweg entstanden, zunächst habe ich willkürlich gesammelt, dann aber auch den Duden ganz systematisch durchgekämmt. Wenn Sie positive Wörter finden, die nicht enthalten sind, schreiben Sie mir, damit ich sie in späteren Auflagen berücksichtigen kann.

Ich habe mich bemüht, nicht nur Wörter aufzunehmen, die mir persönlich gefallen, sondern nichts wegzulassen, an dem andere Gefallen finden könnten.

Seien Sie also tolerant, denn ich habe das Verzeichnis für Leser aller Art zusammengestellt, viele »Werte« sind für den einen wertvoll, für den anderen wertlos. Der Atheist wird mit den religiösen Wörtern nichts anfangen können, und der spirituelle Sucher wird vielleicht Wörter ablehnen, die das Herz eines Geschäftsmannes höher schlagen lassen.

1. Positive »Dinge«

Absolutheit
Abstimmung
Abwechslung
Achtbarkeit
Adel
Adonis
Affinität
Air
Aktivität
All
Allgegenwart
Allgüte
Allmacht
Allmächtige, der
Allvater
Allweisheit
Allwissenheit
Altruismus
Ambition
Amor
Amüsement
Anbetung
Anerkennung
Angebetete(r)
Angleichung
Anklang
Anlage
Anmut
Annäherung
Anpassung
Anregung
Anreiz
Anschmiegsamkeit
Ansehen
Ansporn
Ansprechbarkeit
Anstand
Anteilnahme
Antrieb
Anziehung
Anziehungskraft
Anziehungspunkt
Aphrodite
Apollo
Apotheose
Appetit
Applaus
Arabeske
Aristokrat
Arkadien
Aroma
Artigkeit
Assimilation
Atem
Äther
Athlet(in)
Attraktion
Attraktivität
Aufbau
Auffassungsgabe
Aufgeschlossenheit
Aufmerksamkeit
Aufrichtigkeit
Aufschwung
Aufstiegsstreben
Augapfel
Augenstern
Augenweide
Aura
Aureole
Ausblick
Ausbreitung
Ausdauer
Ausdehnung
Auserlesenheit
Ausgeglichenheit
Ausgelassenheit
Ausgereiftheit
Ausgesuchtheit
Ausgewähltheit
Ausgewogenheit
Ausgleich
Ausstrahlung
Ausstrahlungskraft
Ausweitung
Auszeichnung
Authentizität
Autonomomie
Autorität
Avantgarde
Baby
Baldachin
Barke
Barmherzigkeit
Beachtung
Bedacht
Bedachtsamkeit
Bedeutsamkeit
Bedeutung
Befähigung
Beflissenheit
Befreiung
Befriedigung
Begabung
Begegnung
Begeisterung
Beglückung
Begünstigung
Behagen
Behaglichkeit
Beharrlichkeit
Beharrung
Beharrungsvermögen
Beherrschung
Beherztheit
Behutsamkeit
Beifall
Beifallssturm
Beispiel
Beispielhaftigkeit
Beispiellosigkeit(?)
Beistand
Bekehrung
Belang
Beliebtheit

Belohnung
Benimm
Bequemlichkeit
Beredsamkeit
Bereitschaft
Berufung
Berühmtheit
Beschaulichkeit
Bescheidenheit
Beschirmung
Besinnlichkeit
Besinnung
Besonnenheit
Besserung
Beständigkeit
Bestleistung
Bewährtheit
Beweglichkeit
Bewegungsfreiheit
Bewunderung
Bezauberung
Bildung
Blüte
Bonhomie
Bonus
Boom
Bravour
Brillanz
Brüderlichkeit
Brunnen
Buddha
Busen
Caritas
Charakter
Charisma
Charme
Charmeur
Choral
Christentum
Christus
Cleverneß
Coolneß
Courage
Courtoisie
Creation
Dank
Dankbarkeit
Darling
Daseinsfreude
Delikatesse
Demut
Diplomatie
Distinktion
Disziplin
Dom
Domäne
Dorado
Dreieinigkeit
Duft
Duftessenz
Duftstoff
Duldsamkeit
Durchhaltever-
mögen
Durchsetzungskraft
Durchsetzungs-
vermögen
Dynamik
Ebenmaß
Ebenmäßigkeit
Echtheit
Edelmut
Edelsinn
Effektivität
Ehrbarkeit
Ehre
Ehrgeiz
Ehrlichkeit
Ehrsamkeit
Eifer
Eigenständigkeit
Eignung
Einfallsreichtum
Einfluß
Einfühlungsgabe
Einfühlungsver-
mögen
Einheit
Einigkeit
Einkehr
Einmaligkeit
Einsatz
Einsatzfreude
Einsicht
Eintracht
Einzigartigkeit
Ekstase
Elan
Elastizität
Eldorado
Eleganz
Eloge
Eloquenz
Elysium
Emanzipation
Eminenz
Empathie
Emsigkeit
Energie
Engel
Engelsgeduld
Engelsgüte
Entdecker
Entgegenkommen
Enthusiasmus
Entscheidungsfreude
Entschiedenheit
Entschlossenheit
Entschlußfähigkeit
Entschlußfreudigkeit
Entspannung
Entzücken
Erbauung
Erektion
Erfahrenheit
Erfahrung
Erfinder
Erfolg
Erfüllung
Ergebnis

Ergiebigkeit
Ergötzen
Ergriffenheit
Erhabenheit
Erholung
Erkenntnis
Erkenntnisdrang
Erlebnis
Erlesenheit
Erleuchtung
Erlösung
Eros
Erotik
Erquickung
Erregung
Ertrag
Erzengel
Essenz
Ethos
Euphonie
Euphorie
Ewige, der
Ewigkeit
Expansion
Fabelland
Facette
Fähigkeit
Faible
Fairneß
Fehlerlosigkeit(?)
Feierabend
Feierlichkeit
Feingefühl
Feinheit
Ferien
Fest
Festigkeit
Festtag
Feuer
Findigkeit
Finesse
Fingerfertigkeit
Firmament
Fitneß
Flash
Fleiß
Flirt
Flitterwochen
Flügel
Fluidum
Förderung
Format
Formschönheit
Forscher
Forschergeist
Forschungseifer
Fortbestand
Fortdauer
Fortschritt
Fraulichkeit
Freigiebigkeit
Freiheit
Freimut
Freiraum
Freizügigkeit
Freude
Freudentaumel
Freund
Freundin
Freundlichkeit
Frieden
Friedensliebe
Friedenstaube
Friedfertigkeit
Frische
Fröhlichkeit
Frohlocken
Frohnatur
Frohsinn
Frucht
Fruchtbarkeit
Frühling
Führung
Fülle
Funkeln
Furchtlosigkeit(?)
Galanterie
Ganzheit
Ganzheitlichkeit
Gastlichkeit
Gaumenfreude
Gaumenkitzel
Gebefreudigkeit
Gebirgsluft
Gedeihen
Gedicht
Gediegenheit
Geduld
Gefallen
Gefälligkeit
Gefaßtheit
Gefühlsüberschwang
Gehalt
Geist
Geistesgaben
Gelassenheit
Gelehrter
Gelehrtheit
Geliebte
Geliebter
Geltung
Gemächlichkeit
Gemeinsamkeit
Gemeinschaft
Gemessenheit
Gemüt
Gemütlichkeit
Genauigkeit
Geneigtheit
Generosität
Genialität
Genius
Genügsamkeit
Genuß
Genußfreude
Gepflegtheit
Geradheit
Geradlinigkeit
Gerechtigkeit

Geruhsamkeit
Gesang
Geschäftigkeit
Gescheitheit
Geschenk
Geschick
Geschicklichkeit
Geschmack
Geschmeide
Geschmeidigkeit
Geselligkeit
Gereiztheit
Gesinnung
Gespür
Gestalt
Gestaltung
Gesundheit
Geübtheit
Gewandtheit
Gewicht
Gewinn
Gewinner
Gewißheit
Gewitztheit
Gewogenheit
Gigant
Gipfel
Gipfelerlebnis
Gipfelleistung
Gipfelstürmer
Glanz
Glanzleistung
Glanzlicht
Glanznummer
Glanzstück
Glaubwürdigkeit
Gleichgewicht
Gleichmaß
Gleichmäßigkeit
Gloria
Glorienschein
Glorifizierung
Gloriole
Glück
Glückseligkeit
Glut
Gnade
Gnadenmutter
Gold
Goldkind
Gönner
Gott
Götterfunken
Gottesdienst
Gotteshaus
Gottesmutter
Gottheit
Göttin
Grandezza
Grazie
Grenzenlosigkeit
Größe
Großherzigkeit
Großmut
Großmütigkeit
Großtat
Großzügigkeit
Gunst
Günstling
Güte
Gutgläubigkeit
Gutheit
Gutherzigkeit
Gutmütigkeit
Haltung
Harmonie
Harmonisierung
Hauch
Heiland
Heiler
Heilige
Heiligenschein
Heiligkeit
Heiligtum
Heilkraft
Heilkunst
Heilquelle
Heilschlaf
Heilung
Heim
Heiterkeit
Held
Heldentum
Helios
Helle
Helligkeit
Herkules
Heroismus
Heros
Herrgott
Herrlichkeit
Herz
Herzblatt
Herzchen
Herzensbildung
Herzensgüte
Herzhaftigkeit
Hilfe
Hilfsbereitschaft
Himmel
Himmelskönigin
Hingabe
Hingerissenheit
Hochachtung
Hochadel
Hochgenuß
Hochherzigkeit
Höchste, das
Höchstleistung
Höchstmaß
Hochwertigkeit
Hochzeit
Hoffnung
Hoffnungsfreude
Hoffnungsträger
Höflichkeit
Höhe
Hoheit
Höhenflug

Höhepunkt
Holoversum
Honeymoon
Honigmond
Honigwochen
Honorigkeit
Horizont
Hort
Huld
Humanität
Humor
Hüter
Hygiene
Hymne
Ideal
Idealist
Idylle
Image
Inbrunst
Individualität
Ineinanderfließen
Informiertheit
Initiative
Innerlichkeit
Integration
Intelligenz
Jubel
Jugend
Jugendlichkeit
Jungfrau
Jungfräulichkeit
Kapital
Katharsis
Keim
Kenntnis
Kind
Kindlichkeit
Kirche
Kitzel
Klang
Klasse
Kleinod
Klugheit

Knospe
Kommunikation
Komposition
König
Königreich
Können
Konsequenz
Konstanz
Kontakt
Kontaktfreudigkeit
Konzentration
Konzert
Konzilianz
Kooperation
Kornähre
Kosmos
Kostbarkeit
Köstlichkeit
Kraft
Kraftmensch
Kraftquelle
Kreativität
Kreatur
Kreatürlichkeit
Krönung
Kühnheit
Kulanz
Kultiviertheit
Kultur
Kunst
Kunstfertigkeit
Künstler(in)
Kunstreichtum
Kur
Kurzweil
Kuß
Labsal
Lächeln
Laudatio
Laune
Lauschigkeit
Lauterkeit
Läuterung

Leben
Lebendigkeit
Lebensart
Lebensbejahung
Lebenserfahrung
Lebensfreude
Lebenskraft
Lebenslust
Lebensmut
Lebenssaft
Lebenswille
Lebhaftigkeit
Leckerbissen
Leidenschaft
Leistung
Leistungsfähigkeit
Leuchten
Liberalität
Licht
Lichtermeer
Lichtheit
Lichtschein
Lichtschimmer
Lichtstrahl
Liebelei
Liebenswürdigkeit
Liebesabenteuer
Liebeserlebnis
Liebesfähigkeit
Liebesgefühle
Liebeskraft
Liebeslaube
Liebesspiel
Liebesverhältnis
Liebhaber
Liebhaberei
Lieblichkeit
Liebling
Liebreiz
Liebschaft
Liebste
Liebster
Lied

Lob
Lobeshymne
Loblied
Lobrede
Lockerheit
Lockerung
Lohn
Lorbeer
Lösung
Lotos
Lotosblüte
Loyalität
Luft
Lufthauch
Lustigkeit
Luxus
Macht
Madonna
Magie
Magnetismus
Majestät
Makellosigkeit(?)
Manieren
Mannequin
Manneskraft
Mannigfaltigkeit
Männlichkeit
Märchen
Märchenland
Maximum
Meditation
Meer
Meister
Meisterleistung
Mensch
Menschenfreund-
lichkeit
Menschenkenntnis
Menschenliebe
Menschlichkeit
Meriten
Messias
Milde
Mildtätigkeit
Minne
Mirakel
Mittelpunkt
Mobilität
Monopol
Monument
Moral
Motor
Mühelosigkeit(?)
Mumm
Munterkeit
Muschel
Muschi
Muse
Musik
Musikalität
Musiker(in)
Muskeln
Mustergültigkeit
Musterhaftigkeit
Muße
Mut
Mutter Gottes
Mutter
Mütterlichkeit
Mysterium
Mystik
Mythen
Nächstenliebe
Nahrhaftigkeit
Nahrung
Natur
Natürlichkeit
Naturverbundenheit
Neubeginn
Neuheit
Nimbus
Nirvana
Noblesse
Nonplusultra
Nutzen
Obhut
Objektivität
Odem
Offenbarung
Offenheit
Offenherzigkeit
Öffnung
Ohrenschmaus
Olymp
Omnipotenz
Opferbereitschaft
Opfermut
Optimismus
Optimist
Optimum
Orchester
Ordnung
Orgasmus
Originalität
Ovation
Panorama
Paradies
Parfüm
Party
Passion
Patron
Pep
Perfektion
Perle
Perlmutt
Persönlichkeit
Pfiff
Pfiffigkeit
Pflege
Pflichtbewußtsein
Pflichtgefühl
Phallus
Phänomen
Phantasie
Philantropie
Pionier
Platin
Plus
Poesie

Popularität
Positivität
Potential
Potenz
Power
Pracht
Prachtexemplar
Prachtkerl
Prachtstück
Prägnanz
Präzision
Preis
Prestige
Pretiosen
Primadonna
Privileg
Produktivität
Profil
Profit
Proportioniertheit
Protagonist
Qualifikation
Qualität
Quelle
Quintessenz
Raffinement
Rang
Rausch
Recht
Rechtschaffenheit
Redefluß
Redegabe
Redegewalt
Redegewandtheit
Redlichkeit
Refugium
Regelmäßigkeit
Reh
Reich
Reichtum
Reife
Reinheit
Reinigung
Reiz
Rekord
Relevanz
Religion
Religiosität
Renommee
Reputation
Resultat
Rhythmus
Richtung
Ritter
Ritterlichkeit
Romantik
Romanze
Rose
Routine
Rubin
Rücksicht
Ruf
Ruhe
Ruhetag
Ruhm
Sachkunde
Sachlichkeit
Sachtheit
Sachverständnis
Sage
Sammlung, innere
Samt
Sänfte
Sanftheit
Sanftmut
Sanftmütigkeit
Sanguiniker
Satori
Sauberkeit
Scharfsinn
Schatz
Schatzkammer
Schatzkästlein
Schlaraffenland
Schlauheit
Schliff
Schlummer
Schmelz
Schmetterling
Schmiegsamkeit
Schmuck
Schmunzeln
Schneid
Schönheit
Schöpfer
Schoß
Schoßkind
Schutz und Schirm
Schutz
Schutzengel
Schutzheiliger
Schutzpatron
Schwan
Schwarm
Schwärmerei
Schwerelosigkeit
Schwinge
Schwung
Seele
Seelengüte
Seelenruhe
Seeluft
Segen
Sehnen
Sehnsucht
Seide
Selbstachtung
Selbständigkeit
Selbstbehaup-
tung
Selbstbesinnung
Selbstbestim-
mung
Selbstbewußtsein
Selbsteinschät-
zung
Selbsterfahrung
Selbsterhaltung
Selbstgefühl

Selbstlosigkeit
Selbstsicherheit
Selbstüberwindung
Selbstvergessenheit
Selbstverständnis
Selbstvertrauen
Selbstverwirklichung
Selbstwertgefühl
Seligkeit
Seltenheit
Sensation
Sensibilität
Sensitivität
Seraph
Sex
Sex-Appeal
Sexbombe
Sexus
Sicherheit
Sieg
Siesta
Silber
Sinnestaumel
Sinnlichkeit
Sohn
Solidiät
Sommer
Sommerfrische
Sommerwiese
Sonne
Sonntag
Souveränität
Spannkraft
Spaß
Speise
Spende
Spendenfreudigkeit
Spendierhosen
Spiel
Spitzenklasse
Spitzenleistung
Spitzenmodell
Spitzenreiter
Spontaneität
Sport
Sportlichkeit
Sprachgewalt
Sproß
Stabilität
Stand
Standhaftigkeit
Star
Stärke
Stattlichkeit
Staunen
Stehvermögen
Steigerung
Stern
Sternenzelt
Stetigkeit
Stil
Stille
Stimmung
Stimulation
Stimulierung
Stolz
Strahl
Strahlen
Streben
Strebsamkeit
Strömen
Substanz
Superfrau
Supermann
Süße
Süßigkeit
Symmetrie
Sympathie
Symphonie
Tadellosigkeit(?)
Taktgefühl
Talent
Tanz
Tapferkeit
Tarzan
Tatenmensch
Tatkraft
Tauglichkeit
Temperament
Tier
Titan
Tochter
Tollkühnheit
Topmodell
Trance
Transzendenz
Traulichkeit
Traum
Trautheit
Trendsetter
Treue
Treuherzigkeit
Trip
Triumph
Trost
Trumpf
Tüchtigkeit
Tugend
Tugendhaftigkeit
Überblick
Überfluß
Überfülle
Überlegenheit
Übermensch
Überschau
Überschwang
Überschwenglichkeit
Übersicht
Ubiquität
Übung
Umarmung
Umgänglichkeit
Umkehr

Unabhängigkeit
Unbesiegbarkeit(?)
Unbestechlichkeit(?)
Unbezwingbarkeit(?)
Uneigennützigkeit
Unendlichkeit
Unermüdlichkeit(?)
Unerschrockenheit
Unerschütterlichkeit
Unersetzlichkeit
Unfehlbarkeit(?)
Ungebundenheit(?)
Ungekünsteltheit(?)
Ungezwungenheit(?)
Universalgenie
Universalität
Universum
Unkompliziertheit(?)
Unschlagbarkeit(?)
Unschuld
Unsterblichkeit
Untadelhaftigkeit(?)
Untadeligkeit(?)
Unterhaltung
Unternehmungsgeist
Unüberwindbarkeit(?)
Unveränderlichkeit
Unverbrauchtheit(?)
Unverdrossenheit(?)
Unverfälschtheit(?)
Unvergänglichkeit(?)
Unverzagtheit(?)
Unvoreingenommenheit
Urlaub
Ursprung
Ursprünglichkeit
Urwüchsigkeit
Utopie
Vagina
Vater im Himmel
Vater
Väterlichkeit
Venus
Verantwortlichkeit
Verantwortung
Verantwortungsgefühl
Verbundenheit
Verdienst
Verehrer(in)
Verehrung
Vereinigung
Verfeinerung
Vergnügen
Vergnügtheit
Vergötterung
Vergrößerung
Vergünstigung
Verherrlichung
Verinnerlichung
Verjüngung
Verklärung
Verläßlichkeit
Verliebtheit
Verlockung
Vermögen
Vernunft
Verschmitztheit
Versiertheit
Versöhnung
Verständnis
Verstehen
Vertrauen
Vertrautheit
Verve
Verwandlung
Verwirklichung
Verzückung
Vielfalt
Vitalität
Vlies
Volkstümlichkeit
Vollendetheit
Vollendung
Vollkommenheit
Vorbild
Vorbildlichkeit
Vordenker(in)
Vornehmheit
Vorrat
Vorrecht
Vorreiter(in)
Vorspiel
Vorsprung
Vorteil
Vortrefflichkeit
Vorzug
Wahrhaftigkeit
Wahrheit
Wärme
Warmherzigkeit
Wegbereiter
Weiblichkeit
Weichherzigkeit
Weihe
Weihnachten
Weise
Weisheit
Weitblick
Weite
Weitherzigkeit

Weitsicht
Welle
Weltall
Weltenraum
Weltfrieden
Weltgewandtheit
Weltkenntnis
Weltläufigkeit
Wendigkeit
Wert
Wertschätzung
Wesen
Wichtigkeit
Wiedergeburt
Wille
Willenskraft
Willkommen
Wipfel
Wirksamkeit
Wirkung
Wissen
Wissensdrang
Wissendurst
Wißbegierde
Wohlbefinden
Wohlgefallen
Wohlgeformtheit
Wohlgestalt
Wohlgestaltheit
Wohlklang
Wohllaut
Wohlproportioniertheit
Wohltätigkeit
Wohlwollen
Wohnlichkeit
Wölbung
Wollust
Wonne
Wortgewandtheit
Wunder
Wunderkind
Wunderknabe
Wunderland
Wunsch
Wunschkind
Würde
Zähigkeit
Zartgefühl
Zartheit
Zärtlichkeit
Zauber
Zauberkraft
Zeit
Zentrum
Zeugungskraft
Ziel
Zielbewußtsein
Zielstrebigkeit
Zierat
Zivilcourage
Zucker
Zuflucht
Zufriedenheit
Zugehörigkeit
Zugkraft
Zugnummer
Zukunftsbezogenheit
Zukunftsglaube
Zuneigung
Zungenfertigkeit
Zustimmung
Zuverlässigkeit
Zuversichtlichkeit
Zuvorkommenheit
Zwanglosigkeit(?)

2. Positive Eigenschaften

abgeklärt
abgerundet
abgöttisch
absolut
abwechslungsreich
abwechslungsvoll
achtbar
achtunggebietend
adrett
agil
aktiv
alert
allerliebst
allgegenwärtig
allgütig
allmächtig
allsehend
allweise
allwissend
altbewährt
altehrwürdig
altruistisch
ambitioniert
amüsant
anbetungswürdig
anerkannt
anfeuernd
angebetet
angemessen
angenehm
angesehen
angestrahlt
anheimelnd
anmutig
anregend
anreizend
anschmiegsam
ansehnlich
anspornend
anständig
anteilnehmend
anziehend
apart
appetitlich
arbeitsam
aristokratisch
artig
astrein
athletisch
attraktiv
aufbauend
auffallend
aufgekratzt
aufgelockert
aufgeräumt
aufgeschlossen
aufgeweckt
aufmerksam
aufopfernd
aufrecht
aufreizend
aufrichtig
aufsehenerregend
ausdauernd
auserkoren
auserlesen
ausersehen
auserwählt
ausgearbeitet
ausgedehnt
ausgefeilt
ausgefuchst
ausgeglichen
ausgelassen
ausgereift
ausgesucht
ausgetüftelt
ausgewählt
ausgewogen
ausgezeichnet
auskosten
außergewöhnlich
außerordentlich
autonom
babyleicht
bahnbrechend
barmherzig
beachtlich
bedacht
bedächtig
bedachtsam
bedeutend
bedeutsam
bedeutungsvoll
beeindruckend
befähigt
beflissen
beflügelt
befriedigt
begabt
begehrenswert
begehrt
begeistert
beglückt
begnadet
begünstigt
begütert
behaglich
beharrlich
beherrscht
behütet
behutsam
beispielgebend
beispielhaft
beispiellos
bekömmlich
belangvoll
beliebt
bemerkenswert
bemittelt
bequem
berauschend
berauscht
beredsam
beredt
bereit

berückend
berufen
berühmt
beschaulich
bescheiden
beschirmt
beschlagen
beschwingt
beseelt
beseligt
besinnlich
besonnen
beständig
bestbemittelt
bestens
bestrickend
bestsituiert
betörend
beträchtlich
betucht
bewährt
bewandert
beweglich
bewunderswert
bewundert
bewunderungs-
würdig
bezaubernd
bienenfleißig
bildhübsch
bildschön
biophil
blendend
blühend
blutvoll
brav
bravourös
brillant
brüderlich
charakterfest
charismatisch
charmant
christlich

clever
cool
dankbar
de Luxe
deftig
delikat
deliziös
demütig
diplomatisch
distinguiert
diszipliniert
dufte
duftend
duldsam
durchdacht
durchsetzungsfähig
dynamisch
ebenmäßig
echt
edel
edelmütig
effektvoll
effizient
ehrbar
ehrenfest
ehrenhaft
ehrenwert
ehrgeizig
ehrlich
ehrsam
ehrwürdig
eifrig
eigenständig
eindrucksvoll
einfallsreich
einflußreich
einfühlend
einfühlsam
eingefuchst
eingefügt
einheitlich
einig
einmalig

einnehmend
einsatzfreudig
einschmeichelnd
einträchtig
einwandfrei(?)
einzig
einzigartig
ekstatisch
elastisch
elegant
eloquent
elysisch
emanzipiert
eminent
emsig
energetisch
energisch
engelgleich
engelhaft
enorm
entflammt
entgegenkommend
enthusiasmierend
enthusiastisch
entscheidungs-
freudig
entschieden
entschlossen
entschlußfähig
entschlußfreudig
entspannt
entzückend
entzückt
epochal
epochemachend
erbaulich
erfahren
erfinderisch
erfolgreich
erfreulich
erfreut
erfüllt
ergiebig

erglühend
ergötzlich
ergreifend
erhaben
erhebend
erheblich
erhellt
erhobenen Hauptes
erholt
erklecklich
erlaucht
erlebnisreich
erlesen
erleuchtet
erotisch
erprobt
erquickend
erquicklich
erquickt
ersprießlich
erstaunlich
ersten Ranges
erstklassig
ertragreich
erwählt
erwünscht
essentiell
ethisch
ewig
exemplarisch
exorbitant
expansiv
exquisit
extraordinär
exzellent
exzeptionell
fabelhaft
facettenreich
fachmännisch
fähig
fair
famos
fehlerlos
feierlich
fein
feminin
fesch
fesselnd
festlich
feudal
feurig
fidel
findig
fingerfertig
firm
fit
fleißig
flott
förderlich
formidabel
formrein
formschön
fortschrittsgläubig
frank und frei
frappant
fraulich
freigebig
freiheitlich
freimütig
freiwillig
freizügig
freudevoll
freudig
freundlich
friedevoll
friedfertig
friedlich
friedliebend
friedsam
friedvoll
frisch
frivol
froh
frohgemut
frohsinnig
fruchtbar
führend
fundiert
funkelnagelneu
funktional
furchtlos
fürstlich
galant
ganzheitlich
gastlich
geachtet
gebefreudig
gebildet
geborgen
gebührend
gebührlich
gedeihlich
gediegen
geduldig
geehrt
geeignet
gefällig
gefaßt
gefragt
gefüllt
gehaltvoll
geheimnisvoll
geistesgegenwärtig
geistig rege
geistreich
gekonnt
gekrönt
gelassen
gelaunt
geläutert
gelehrt
geliebt
gelockert
gelöst
gemach
gemächlich
gemeinsam
gemeinschaftlich
gemessen

gemütlich
gemütvoll
genau
geneigt
generös
genial
genialisch
genießerisch
gentlemanlike
genügsam
genuin
genußfreudig
genußfroh
genüßlich
genußreich
genußvoll
gepflegt
gerade
geradlinig
gerecht
gertenschlank
geruhig
geruhsam
gerundet
gesammelt
geschäftig
geschäftstüchtig
geschätzt
gescheit
geschickt
geschliffen
geschmackvoll
geschmeidig
geschützt
geschweift
gesegnet
gesellig
gesetzt
gesichert
gesittet
gesonnen
gesprächig
gestaltend
gestalterisch
gesteigert
gestimmt
gesucht
gesund
gesundheitsstrotzend
gesundmachend
getreu
getrost
geübt
gewachsen
gewaltig
gewandt
gewappnet
geweiht
gewichtig
gewieft
gewillt
gewinnend
gewitzt
gewölbt
gigantisch
glänzend
glanzvoll
glasklar
glaubwürdig
gleichmäßig
gleichmütig
glockenhell
glockenrein
glücklich
glückselig
glühend
glutvoll
gnädig
goldig
goldrichtig
gönnerhaft
gottbegnadet
göttlich
grandios
grazil
graziös
groß
großartig
großherzig
großmütig
großzügig
grundanständig
grundgütig
günstig
gut
guten Mutes
guter Dinge
gutgesinnt
gutgläubig
gutherzig
gütig
gutmütig
gutsituiert
harmlos
harmonisch
hauchfein
hauchzart
hedonistisch
hehr
heil
heilig
heilkräftig
heilsam
heimelig
heißblütig
heiter
heldenhaft
hell erleuchtet
hell
heroisch
herrlich
hervorragend
herzensgut
herzhaft
herzig
herzlich
high
hilfreich
hilfsbereit

himmelsstürmerisch
himmlisch
hingerissen
hinreißend
hochachtungsvoll
hochanständig
hochbeglückt
hochgeschätzt
hochherzig
hochmögend
hochwertig
hoffnungsfroh
hoffnungsvoll
höflich
holistisch
honett
honorabel
honorig
huldreich
huldvoll
human
humorvoll
hygienisch
idealistisch
ideenreich
idyllisch
imponierend
imposant
inbrünstig
individuell
informativ
informiert
ingeniös
initiativ
innerlich
innig
intelligent
interessant
jugendlich
kaltblütig
kapital
kenntnisreich
kinderleicht
kindlich
klangvoll
klar
klasse
klassisch
klug
knackig
knorke
knusprig
kolossal
kommunikations-
fähig
königlich
konsequent
konstant
konstruktiv
kontaktfähig
kontaktfreudig
kontemplativ
konziliant
kooperativ
kosmisch
kostbar
köstlich
kräftig
kräftigend
kraftstrotzend
kreativ
kreatürlich
kregel
kühn
kulant
kulinarisch
kultiviert
kundig
kunstfertig
kunstgerecht
künstlerisch
kunstreich
kunstvoll
kurzweilig
labend
lächelnd
large
lauschig
lauter
lebendig
lebensbejahend
lebensfroh
lebenslustig
lebensmunter
lebensoffen
lebensspendend
lebenstüchtig
lebhaft
lecker
leiblich
leichtblütig
leichtfüßig
leichtlebig
leidenschaftlich
leistungsfähig
leuchtend
liberal
licht
lichtdurchflutet
lichthaft
lieb
liebenswert
liebenswürdig
liebesfähig
liebevoll
lieblich
liebreizend
listig
lobenswert
löblich
locker
lohnend
loyal
luftig
lukullisch
lupenrein
lustig
luxuriös
mächtig

madonnenhaft
magisch
magnetisch
majestätisch
makellos
manierlich
mannigfaltig
männlich
märchenhaft
maximal
meditativ
meisterhaft
meisterlich
menschenfreundlich
menschlich
messianisch
mild
mit Bedacht
mitgerissen
mitreißend
mobil
mollig
mondän
monumental
moralisch
mühelos
munter
musikalisch
musisch
muskulös
mustergültig
musterhaft
mutig
mütterlich
mystisch
nachahmenswert
nährend
nahrhaft
namhaft
naturbelassen
natürlich
naturrein
naturverbunden

nennenswert
nett
niedlich
nimmermüde
nobel
numinos
nutzbringend
nützlich
objektiv
offen
offenherzig
ohnegleichen
omnipotent
optimal
optimistisch
opulent
ordentlich
orgasmisch
orgiastisch
original
originell
packend
pädagogisch
paradiesisch
passend
passioniert
perfekt
perlend
pfiffig
pflichtbewußt
pfundig
phänomenal
phantasievoll
phantastisch
philantropisch
piekfein
pieksauber
populär
positiv
potent
powervoll
prächtig
prachtvoll

prägnant
prall
präzise
produktiv
profiliert
prometheisch
pudelwohl
puppenleicht
puppenlustig
pur
putzmunter
pyramidal
qualifiziert
qualitätsvoll
quietschvergnügt
raffiniert
ranghoch
rank
rauschhaft
recht
rechtschaffen
redegewaltig(?)
redegewandt
redlich
reell
rege
regelmäßig
reichlich
reif
rein
reinigend
reizend
reizvoll
rekordverdächtig(?)
relevant
religiös
renommiert
reputiert
rhythmisch
richtig
richtunggebend
richtungweisend
riesig

ritterlich
romantisch
rosig
routiniert
rücksichtsvoll
ruhevoll
ruhig
rühmenswert
rühmlich
ruhmreich
rund
sachkundig
sachlich
sacht
sachverständig
sagenhaft
sakral
samten
samtweich
sanft
sanftmütig
sanguinisch
sattelfest
sauber
sauwohl
scharfsinnig
schick
schillernd
schlank
schlau
schmackhaft
schmeichelhaft
schmuck
schneidig
schnicke
schnuckelig
schön
schöpferisch
schrankenlos
schwärmerisch
schwelgerisch
schwerelos
schwingend
schwungvoll
seelengut
seelenruhig
segnend
sehenswert
sehenswürdig
sehr gut
seidenweich
selbständig
selbstbewußt
selbstgenügsam
selbstlos
selbstsicher
selbstverständlich
selbstverwirklicht
selten
sensationell
sexy
sicher
siegesgewiß
siegessicher
signifikant
silberhell
silbern
sinnenfreudig
sinnlich
smart
solenn
solide
sommerlich
sondergleichen
sonnengereift
sonnenklar
sonnig
sonntäglich
sorgenfrei
sorgfältig
sorgsam
souverän
spannend
spannungsreich
spaßig
spektakulär
spendabel
spielend
spielerisch
spitze
splendid
spontan
sportlich
sprachgewaltig
standhaft
stark
statiös
stattlich
staunend
steinreich
stetig
stilgerecht
still
stillvergnügt
stilvoll
stimmig
stimulierend
stoisch
stolz
stoned
strahlend
strebsam
stupend
sublim
substantiell
super
süß
swinging
symmetrisch
sympathisch
tadelfrei(?)
tadellos(?)
taktvoll
talentiert
tänzerisch
tätig
tatkräftig
tauglich
temperamentvoll

teuer
tiefempfunden
tiefgründig
titanisch
toll
tollkühn
top
trainiert
transzendent
traulich
traumhaft
traut
treffend
trefflich
treffsicher
treu
triumphierend
trunken
tüchtig
tugendhaft
überdurchschnittlich
überlegen
überlegt
übermütig
überragend
überreich
überreichlich
überschwenglich
übersinnlich
überwältigend
umgänglich
umschwärmt
unabhängig
unbändig
unbeirrt
unbeschreiblich
unbesiegbar
unbestechlich
unbezwingbar
uneigennützig
unendlich
unentbehrlich
unentwegt
unermüdlich
unerschrocken(?)
unerschütterlich(?)
unersetzlich
unfehlbar
ungebunden
ungehindert(?)
ungekünstelt(?)
ungewöhnlich
ungezwungen(?)
unkompliziert(?)
unnachahmlich
unproblematisch(?)
unschätzbar
unschlagbar(?)
unschuldig(?)
unsterblich(?)
untadelhaft(?)
untadelig (?)
unterhaltend
unterhaltsam
unübertrefflich
unübertroffen
unüberwindbar(?)
unveränderlich(?)
unverbraucht(?)
unverdrossen(?)
unverfälscht(?)
unvergänglich(?)
unvergleichlich
unverzagt(?)
unvoreinge-
nommen(?)
ursprünglich
urwüchsig
väterlich
verantwortungsvoll
verbindlich
verblüffend
verbunden
verdienstvoll
verdient
verehrt
vereint
verfeinert
vergnüglich
vergnügt
vergöttert
verinnerlicht
verjüngt
verläßlich
verliebt
vermögend
verschmitzt
verschwenderisch
versiert
versöhnlich
verständnisinnig
verständnisvoll
verstehend
vertrauensvoll
vertrauenswürdig
vertraut
verwirklicht
verzückt
vielfältig
vielgestalt
vif
vital
voll
vollblütig
vollendet
vollkommen
vorausblickend
vorbildlich
vornehm
vorteilhaft
vortrefflich
vorzüglich
wacker
wahr
wahrhaftig
warm
warmherzig
waschecht
weggeblasen, wie

wegleitend
wegweisend
weiblich
weich
weichherzig
weihevoll
weise
weit
weitblickend
weitherzig
weltgewandt
weltläufig
weltmännisch
wertvoll
wesenhaft
wesentlich
wichtig
wie gemalt
wie geschaffen für
wie neugeboren
wiedergeboren
willensstark
willig
willkommen
wirksam
wirkungsvoll
wissend
wissensdurstig
wißbegierig
wohlgefällig
wohlgegliedert
wohlgesinnt
wohlgestaltet
wohlhabend
wohlig
wohlklingend
wohllautend
wohlmeinend
wohlproportioniert
wohlschmeckend
wohlsinnig
wohltätig
wohltuend
wohlüberlegt
wohlwollend
wohnlich
wonnig
wortgewandt
wundersam
wunderschön
wünschenswert
wunschlos
würdevoll
würdig
zahlungskräftig
zart
zartfühlend
zärtlich
zauberhaft
zielbewußt
zielsetzend
zielsicher
zielstrebig
zuchtvoll
zuckersüß
zufrieden
zugkräftig
zugriffig
zukunftsgläubig
zünftig
zungenfertig
zupackend
zusammenpassend
zusammenstimmend
zuverlässig
zuversichtlich
zuvorkommend

3. Positive Tätigkeiten

aalen, sich
abrunden
achten
adeln
aktivieren
amüsieren
anbeten
anerkennen
anfeuern
anhimmeln
anregen
anspornen
anstrahlen
anturnen
anziehen
applaudieren
assimilieren
atmen
aufbauen
aufblühen
aufrichten
aufsteigen
ausbreiten
ausdehnen
ausersehen
auserwählen
ausfeilen
ausflippen
ausgleichen
auskosten
ausreifen
ausruhen, sich
ausstrahlen
austüfteln
ausweiten
auszeichnen
beeindrucken
beflügeln
befriedigen
begegnen
begehren
begeistern
beglücken
begünstigen
behagen
beherrschen
beistehen
bekehren
bekommen
beloben
belobigen
belohnen
berauschen
berücken
berufen
beruhigen
beschirmen
beschwingen
beseelen
beseligen
besingen
besinnen
bessern
bestricken
betören
bewähren, sich
bewundern
bezaubern
blühen
brillieren
danken
duften
durchkosten
durchströmen
ehren
einfügen
einfühlen, sich
einigen
einnehmen
emanzipieren, sich
entfalten
entflammen
entgegenkommen
enthusiasmieren
entspannen
entzücken
erbarmen, sich
erblühen
erfreuen
erfüllen
ergeben
erglühen
ergötzen
erhalten
erhellen
erhoffen
erleuchten
ermuntern
ernähren
ernten
erquicken
erschließen
ersehnen
erstrahlen
erwachen
erwärmen, sich
erwecken
essen
fabulieren
faszinieren
favorisieren
feiern
fesseln
fliegen
flirten
florieren
fördern
freuen, sich
frommen
führen
geben
gedeihen
gefallen
genießen
gernhaben
gestalten

gesundmachen
gewinnen
glänzen
gleiten
glorifizieren
gönnen
grünen
hätscheln
hegen
heilen
helfen
herausstellen
herzen
hinreißen
hochschätzen
hoffen
honorieren
idealisieren
imponieren
ineinanderfließen
innewohnen
klingen
knospen
komponieren
kräftigen
kreieren
kugeln, sich
kultivieren
küssen
lachen
läutern
leben
leuchten
lieben
liebhaben
liebkosen
loben
lobpreisen
lobsingen
lohnen
malen
meditieren
mitreißen
mögen
munden
musizieren
nähren
nuckeln
nützen
nutzen
öffnen
ordnen
packen
pflegen
phantasieren
plätschern
potenzieren
preisen
produzieren
qualifizieren
räkeln, sich
ranken
reifen
reinigen
reizen
ruhen
rühmen
sättigen
schaffen
schätzen
scheffeln
schenken
schillern
schlemmen
schlummern
schmachten
schmecken
schmeicheln
schmunzeln
schmusen
schnuckeln
schwärmen
schweben
schweifen
schwingen
sehnen, sich
speisen
spielen
sprießen
spüren
stabilisieren
staunen
steigern
strahlen
streicheln
tänzeln
tanzen
tätscheln
trainieren
träumen
treffen
treiben
treibenlassen, sich
überfließen
überhäufen
umarmen
unterstützen
verbinden
verdienen
vereinen
vereinigen
verfeinern
vergolden
vergöttern
verherrlichen
verjüngen
verklären
vermögen
verschenken
verschönen
verschönern
versinken
versöhnen
verstehen
verwirklichen
verzaubern
vollbringen
vorrücken
wachsen

wahren
wallen
wärmen
weihen
wogen
wohlbefinden, sich
wohlfühlen, sich
wölben, sich
würdigen
zufliegen
zugehören
zusagen